뷰티 프랜차이즈 경영전략론

이범석 지음

구민사

장교로 군복무를 마친 후 겁 없이 미용분야에 뛰어든 지도 어느덧 15년이 되었다. 15년의 경력 중 미용실에서 미용사로 일하던 3년을 제외하면 12년을 고스란히 미용실 프랜차이즈에서 근무하였다.

그리고 이제는 그것을 기반으로 뷰티 전문 컨설팅 회사를 운영하고 있다.

뷰티 프랜차이즈에서 12년간의 근무는 분명 나에게 색다른 경험이었고 미용산업 전반에 걸친 폭넓은 공부를 할 수 있었다.

프랜차이즈는 본문에서 밝힌 바와 같이 창업 과정이 수월하고, 실패할 확률이 상대적으로 낮다. 그리고 공동 구매를 통한 원재료의 원가 절감 효과가 뛰어나고, 가맹점 MS에 따른 광고효과와 다양한 노하우를 지닌 가맹본사의 경영지도와 교육, 영업지원을 받을 수 있다.

반면에, 프랜차이즈 가맹점을 한다고 해서 다 성공하는 것은 아니라는 사실을 명심해야 한다.

지금까지도 프랜차이즈의 가맹본부와 가맹사업자 사이에서의 크고 작은 분쟁은 계속해서 발생하며, 상대적으로 약자인 가맹 사업자의 피해 사례 또한 적지 않다.

따라서 창업 전에는 내가 잘 할 수 있는 분야인지, 창업 자금과 아이템은 충분한지 꼼꼼히 살피고 신중하게 최종 선택하여야만 실패할 확률을 낮출 수 있다.

최근에는 다행스럽게도 프랜차이즈 가맹거래법도 가맹본부보다는 가맹 사업자에 다소 유리하게 지속적으로 개정, 보완되고 있다.

또한, 우리나라 뷰티 프랜차이즈는 창립 10년 이상으로 역사나 경력도 오래되고, 브랜드 인지도와 본사의 자금력은 탄탄한 편이다.

이 책에서는 뷰티 프랜차이즈 브랜드 하나하나를 SWOT분석 하듯이 실익을 따지자는 것이 아니라 기존의 경영학적 개념의 프랜차이즈의 이해를 통한 뷰티 프랜차이즈의 재해석을 해보고자 한다.

Preface

또한, 프랜차이즈 패키지, 매뉴얼, 경영정보시스템 등 그 동안은 외부로 잘 알려지지 않은 프랜차이즈의 원론적 사고에 기초하여 뷰티 프랜차이즈의 전략과 내 미용실이나 피부 관리실에 접목하여 경쟁력을 확보하고자 하는 바람이다.

11년째 건국대학교 산업대학원 향장학과에서 '향장경영학'이란 과목을 맡아 강의하고 있지만 아직도 뷰티 경영분야의 책은 부족하기만 하다.

미용 기술과 피부 기초 이론에 관한 책은 많지만 세분화되고, 전문화된 뷰티 경영학 서적은 좀처럼 찾기가 쉽지 않다.

앞으로도 현장 중심의 많은 미용 경영학 관련된 책이 많아졌으면 좋겠다.

박사 학위 논문을 쓰는 중에도 이번 책 작업을 같이해 준 아내 전소현 교수님께 감사드리고, 아들 동형에게도 고맙다.

지금 이 순간에도 뷰티 산업 분야와 살롱에서 저마다의 경영 노하우를 펼치며, 치열한 생존 경쟁을 펼치고 있는 이 시대를 살아가는 모든 미용실과 피부 관리실 원장님과 미용인들께 감사드린다.

그들을 통해 계속해서 미용 산업은 발전될 것이며, 그들의 족적과 현장 노하우를 담아낸 나의 뷰티 경영학 책 출간 작업은 앞으로도 계속될 것이다.

여름 치고는 유난히 추운 8월의 셋째 주 어느 날

저자 이범식 올림

C·O·N·T·E·N·T·S

Section 1 프랜차이즈의 기원과 역사

Section 2 프랜차이즈의 발전

Section 3 프랜차이즈 기업론

Section 4 프랜차이즈 인적자원 관리

C·O·N·T·E·N·T·S

Section 7 프랜차이즈 경영 정보 시스템

Section 8 프랜차이즈 회계 관리

C·O·N·T·E·N·T·S

뷰·티·프·랜·차·이·즈·경·영·전·략·론

1

프랜차이즈의 기원과 역사

1. 프랜차이즈의 기원과 역사

(1) 프랜차이즈의 유래

'프랜차이즈'라는 말의 뜻은 고대 프랑스어 Franc와 Francherd로 노예 상태로부터의 해방 즉, '자유를 준다.'라는 의미를 내포하고 있다.

중세 카톨릭 교회는 세금을 징수하는 관리에게 일정한 몫을 관리 자신이 갖고, 나머지를 교황에게 납부하게 했던 것에서 그 기원과 유래를 찾을 수 있다.

프랜차이즈의 유래는 대게 비슷한 경우가 많은데 중세기경 그 지역의 군주나 성주가 장이 서도록 허락하는 대신 수입의 일정 부분을 군주나 성주에게 상납하였는데 현재의 프랜차이즈 본사에 가맹점이 로열티를 납부하는 형태를 띠고 있다.

또한, 로마시대에는 로마 군대가 각 나라를 점령하고 그 지역 국가를 다스리는 총독을 임명하여 다스리게 하였는데 이 역시 프랜차이즈의 특별 권리를 부여한 것과 같다.

중국에서는 소금 전매 사업을 특정 계층에게만 부여하였는데 이들 역시 국가의 관리나 소금 전매권을 부여한 사람에게 수입의 일정부분을 상납하였다고 한다.

(2) 프랜차이즈의 발전

프랜차이즈는 다수의 소자본가를 모집하여 전국적 유통망을 신속히 구성하는 사업방식으로, 미국에서 지난 60년대 이후부터 본격적으로 발전하여 이제는 전 세계적인 유통 채널의 한 표준이 되고 있다.

미국에서는 제 2차 세계 대전이 끝나자 많은 군인들이 군을 떠나게 되었다.

나름대로 구조 조정을 겪으며 명예퇴직을 당한 것이다.

전쟁에서는 영웅이었고, 베테랑이었지만 사회생활 특히 경제생활에서는 이제 막 학교를 졸업하고 나온 신출내기와 다를 바가 없는 그들이었다.

이들은 오랜 군생활로 사회에서 요구하는 특별한 기술이나 비즈니스 감각을 지니지 못했으며, 군이 아닌 사회에서 남들과 경쟁해서 이길만한 충분한 경쟁력을 갖추지 못했다.

이들이 선택할 수 있는 가장 쉬운 방법은 소위 '장사'라는 것이다. 조금 고급스런 표현으로는 소매유통이고 외식사업이다.

그러나 소매유통과 외식업을 우습게보고 뛰어들었다가는 낭패 보기 일쑤이다. 지금의 현실과도 마찬가지일 것이다.

이러한 그들에게 가장 안전하고 수익성도 상당히 보장되는 투자처가 바로 프랜차이즈 시스템이었다. 그들은 명성 있고 신뢰할만한 프랜차이즈 본사를 찾아 그들의 새로운 일을 시작했던 것이다.

프랜차이즈 시스템은 장기적인 사업비전과 충분한 경영노하우, 그리고 남들과 확실히 차별화 되는 아이템을 갖고 소자본가들과 연합하여 전국적 네트워크를 구성함으로써, 프랜차이즈 회사 발전을 물론, 경험 없는 소자본가들을 사회에서 안정적인 경제활동을 하도록 하는 진보된 시스템이다.

(3) 프랜차이즈 용어 정의

프랜차이즈 시스템을 정확히 이해하고 이와 관련한 제도와 법규를 올바르게 제정하기 위해서는 프랜차이즈의 용어 정의가 필수적이다.

우리가 흔히 프랜차이즈(Franchise)라고 사용하는 용어는 영어로 표기된 용어로써 사전적 의미는 특권, 참정권 등의 의미를 가지고 있으나 현대 프랜차이즈의 모태를 이룬 미국에서는 체인 운영권, 독점 판매권 등의 의미로 변질되어 사용되었다.

이 용어는 원래 영국에서 중상주의 시대 이후, 국왕이나 국가의 공인된 허가 내에서 행사할 수 있는 특권이나 면책이라는 공법상의 법률용어로 사용되기 시작했으며, 당시 영국에서는 프랜차이즈를 가진 자만이 해외 식민지에서 광산개발이나 무역업, 기타 사업 활동을 할 수 있었다.

그러던 것이 20세기 들어 미국에서 기업의 총판권 또는 독점 판매권 등의 의미로 변화되어 사용되면서 오늘날의 프랜차이즈 용어가 탄생한 것이다.

따라서 프랜차이즈 본사는 가맹점에게 특수한 권한(상표 사용권, 일정 지역 내의 영업 독점권 등)을 부여한 것이며, 가맹점 입장에서는 일정한 대가를 지불하고 특권을 받은 것이라 할 수 있다.

과거부터 특권을 주는 자는 왕처럼 위치상 윗자리에 해당되며, 특권을 부여받는 자는 신하처럼 아랫자리에 해당되어 왔다. 그래서인지 아직도 상당수의 프랜차이즈 본사들이 특권을 부여한 왕처럼 가맹점 위에 군림하려는 경향이 있다.

그러나 이제 시대는 변했다. 프랜차이즈 본사와 가맹점은 1 : 1의 대등한 관계이며 상호의 이익을 꾀하는 비즈니스 관계이다. 가맹점의 독점권은 더 이상 본사가 은혜로서 하사한 임금님의 하사품 같은 것이 아니며 일정한 대가를 받고 부여한 거래의 한 형태인 것이다.

프랜차이즈 본사와 가맹점은 상호간에 권리와 의무가 함께하는 비즈니스 관계라는 인식에서 출발할 때 그 프랜차이즈 시스템은 이익을 창출하는 비즈니스가 될 수 있을 것이다.

2. 프랜차이즈 비즈니스

(1) 미국의 프랜차이즈

미국에서의 프랜차이즈의 역사는 100년 이상이나 되며 매출액도 연간 약 1조 달러에 달한다고 한다. 종사하는 종업원만도 약 ,000만 명에 달한다고 하니 대단한 비즈니스임에는 틀림없다.

미국 상공부 자료에 따르면 10년 내에 개인 경영업체가 망할 가능성이 82%인데 비해 프랜차이즈 경영자가 10년 내에 망할 가능성이 10% 내외라고 한다.

도대체 프랜차이즈는 어떤 비즈니스 이길래. 그럴까?

(2) 프랜차이즈 시스템의 핵심

프랜차이즈 시스템의 핵심은 각 개인 사업자가 자기의 소규모 사업을 운영하면서 대규모 사업자 즉 프랜차이즈 본사의 경영 노하우와 전문지식, 경험, 과학적인 시장조사와 예측, 대규모 발주에 따른 저가 구매시스템, 그리고 광고 및 판촉 지원 등을 받을 수 있다는 것이다.

그리고 프랜차이즈 본사는 각 개인 사업자의 비즈니스가 성공을 해야만 로열티 수입이 커지기 때문에 개인 사업자들을 적극 지원하게 된다는 것이다.

그러나 무엇보다도 프랜차이즈 시스템의 핵심은 '네트워크의 공유'에 있다. 본사 부문의 경험과 지식, 그리고 아이템의 신뢰도와 함께 각 가맹점 부문의 유통채널 파워가 공유되어야 하며 이러한 네트워크 안에서 쌍방의 건전한 커뮤니케이션이 이루어질 때 비로소 소기의 목적을 충분히 달성할 수 있게 된다.

한 마디로 프랜차이즈 시스템의 핵심을 정의하자면 특정 프랜차이즈 네트워크 안에 있는 모든 사람들의 공동번영을 위한 '네트워크 비즈니스 시스템'이 바로 그것이다.

3. 근대 프랜차이즈의 발전

(1) 근세기 최초 프랜차이즈 비즈니스 개념 도입

① 1850년경 미국의 재봉기 제조회사 '더 싱거'(The Singer Co.)

(a) 자본 확보를 위한 판매 촉진의 일환으로 개념 도입

(b) 그 후 제너럴 모터스(GM)가 자금 조달 차원에서 자동차 소매점을 대상으로 프랜차이즈 비즈니스 개념 도입

(2) 1960~70년대 미국의 프랜차이즈 비즈니스

① 1960년대 다양한 형태의 프랜차이즈 시스템 영업 개시

(a) 연방 정부나 주정부의 제약조건 및 법체계 정비 미흡

(b) 악덕체인 본사의 횡포로 사기사건 및 소비자 피해 사례 속출

② 1970년대 체인 본사 100여 사 도산 및 수천 개 가맹점 폐업 발생

③ 맥도널드 햄버거 창시자 레이 록(Ray Kroc)에 의한 발전된 프랜차이즈 시스템 구축 마련

"여론에 신뢰를 얻지 못하는 프랜차이즈 비즈니스는 비록 합법적인 프랜차이즈 비즈니스라 하더라도 성공할 수 없다"

– 맥도널드 창시자 레이 록 –

④ 따라서, 체인 본사 신뢰 구축에 전력투구

⑤ 1979년 미연방정부(연방 상거래 위원회) "프랜차이즈 거래법" 공포

(a) (핵심내용) 체인 본사는 예비 가맹점주에게 특허 정보의 공개를 의무화 함

(b) 체인본사 자격강화, 최소한의 특허와 경영 노하우를 갖춘 본사만이 가맹점을 모집할 수 있는 법적, 제도적 장치 마련

(3) 1980~90년대 미국의 프랜차이즈 비즈니스

① 1980년대 주정부차원의 프랜차이즈 거래법 보완

(a) 프랜차이즈에 대한 소비자의 공신력 회복

(b) 프랜차이즈 비즈니스의 제2의 도약기

(4) 1990년대 이후

① 전 업종에 걸친 프랜차이즈 시스템 급속도 확산

(5) 관련 통계

① 1985년 프랜차이즈에 의한 매출 5,000억 달러(소비자 전체 매출 30% 해당) ☞ GNP 20%

② 2000년대 프랜차이즈에 의한 매출 8,400억 달러(소비자 전체 매출 50% 해당) 예상

출처 : 美, 상무성

memo

2

프랜차이즈의 발전

1. 국내 프랜차이즈 시스템의 효시

(1) 1979년 10월 (주)롯데리아의 국내 최초 패스트푸드 체인화 시도

1) 롯데리아 1호점(소공점 : 롯데 1번가 내)
2) 국내 최초의 프랜차이즈 비즈니스 효시

미국의 프랜차이즈 역사와 비교 할 때 150년 대 국내는 35년이라는 짧은 이력에도 불구하고, 국내 프랜차이즈 확산 속도는 빠름

(2) 현재 대기업 관련 체인점 포함 약 200항목의 800여 개의 체인 본사가 활동 중인 것으로 예상

(3) 대기업의 프랜차이즈 참여 이유

1) 체인사업을 통해 단시간 내 자사제품의 유통망 구축 및 확장 가능
2) 체인사업 자체의 수익 극대화 가능의 매력과 충성도 구축
3) 높은 로열티에도 불구, 해외 유명 브랜드 도입에 경쟁적 참여

(4) 향후 전망

1) 프랜차이즈 비즈니스 사업의 확산 및 발전 가능성

- 업종의 선택과 아이템의 선정 무궁무진

2) 승산 있는 사업 가능성의 보고

2. 프랜차이즈 산업 현황

(1) 국내 프랜차이즈 산업의 성장

프랜차이즈 산업은 '21세기 유통 시스템의 핵'으로 부상하고 있다. 산업자원부 자료에 의하면 현재 한국의 프랜차이즈산업은 전체 소매유통의 10%를 점유할 뿐 아니라, 연평균 10% 이상의 고도성장을 지속해 오고 있다.

프랜차이즈 시장 또한 2001년을 기준으로 약 40조 원의 매출을 기록하는 등 앞으로 계속적인 발전이 예상되는 산업분야임을 알 수 있다.

특히 IMF이후 산업 전반에 걸친 대내외적 여건변화에도 불구하고 프랜차이즈 산업을 중심으로 한 서비스 산업은 높은 신장률을 지속해 온 좋은 예로 받아들여지고 있다.

2002년 4/4분기 이후에는 서비스 산업이 견고한 성장세를 보임으로써 경기의 과도한 하락을 막는 버팀목 역할을 하기도 했다.

소자본 창업을 비롯한 프랜차이즈 사업은 구직이 어려운 30~50대의 실직자 및 조기 퇴직자들의 안정적인 생활 기반 구축의 터전이 되기도 했다.

서비스 산업은 고용 창출을 통해 경기 안정에 큰 기여를 하므로, 이제는 국가적 차원에서 프랜차이즈와 같은 서비스 산업을 육성하는 것이 불가피해졌을 정도이다.

산업자원부와 한국프랜차이즈 협회에서 실시한 프랜차이즈 산업 실태조사 결과에 의하면 2002년 10월 기준 국내에서 영업 중인 프랜차이즈 본사는 약 1,600개로 추정되며 가맹점수는 약 12만개로 조사되었다.

전체 시장규모는 약 45조 원이며 관련 종사자도 약 60만 명에 이른다. 국내에 프랜차이즈 비즈니스 모델이 도입된 지 20여 년 만에 시장규모가 비대해진 것이다.

프랜차이즈 본사는 99년 대비 약 7%가 증가했고 가맹점 수는 약 20%의 증가를 보였다. 업종별로는 음식업이 34%, 소매업 23%, 패스트푸드 15% 순으로 나타났다. 업종별 점포 순위는 패스트푸드, 음식점, 식품소매점 순으로 나타났다.

지역별 체인 본사 소재지는 서울, 인천, 경기지역이 86%를 나타내 압도적인 편중을 보였다.

프랜차이즈 본사의 사업 지속 기간은 평균 5.4년으로 나타났다. 매출액은 2001년 기준으로 50억 원 미만인 본사가 63%, 100억 원 이상인 본사는 26%에 불과했다.

아직 국내 프랜차이즈 산업은 본사가 수적으로 난립해 있는데다 선진국에 비해 영세성을 면치 못하고 있어 규모의 경제 실현이 곤란한 실정이다. 국내 프랜차이즈 산업의 건전한 발전과 새로운 도약을 위해서는 시장 논리에 의한 구조조정과 재편이 불가피할 것으로 본다.

(2) 숫자로 본 국내 프랜차이즈 성장

한, 미간 프랜차이즈 산업 비교

국가	본부	가맹점포	조사기준
한국	1,600개	120,000	2002.10
미국	1,500개	316,000	2001.07

한국 프랜차이즈 산업의 매출액

년도	2002	2005	2007	2010
매출액 (백억 원)	2,169	6,063	7,783	11,319
GDP 대비 비중	7.6%	8.7%	9.6%	11.0%

한국 프랜차이즈 업체수의 성장

년도	2002	2005	2007	2010
업체수 (만개)	12	16	18	21

한국 프랜차이즈 산업 종사자 수

년도	2002	2005	2007	2010
종사자수	566,094	735,922	849,141	1,001,986

출처 : 한국프랜차이즈 총람

3. 우리나라 프랜차이즈 산업의 문제점

(1) 외식업종 비중 과다

프랜차이즈 업종별 분포를 보면 프랜차이즈 21개 업종을 기준으로 할 때 외식 업종(패스트푸드, 패스트푸드가 아닌 음식점, 치킨, 제과, 제빵업)의 비중이 전체의 35%, 서비스업은 14%, 도·소매업은 51%로 나타나고 있다.

우리나라 프랜차이즈의 비즈니스는 식품관련 업종, 특히 외식업 중심의 틀을 벗어나지 못하고 있으며, 향후 외식업 프랜차이즈의 경쟁격화로 인한 부실화 가능성이 높을 것으로 예견되어 이의 대책이 절실히 요구된다.

세부 업종별로는 패스트푸드가 아닌 음식점이 전체 구성비의 34%로 가장 많으며, 인적 서비스업, 인쇄업, 숙박업, 스포츠 사업, 미용 산업은 1% 미만으로 적다.

이는 소매업의 비중이 높아지는 반면 서비스업종의 비중이 감소하고 있음을 알 수 있다.

(2) 본사의 짧은 사업 이력

우리나라 프랜차이즈 비즈니스 역사는 23년에 불과하다. 프랜차이즈 본사 업력에 대한 실태 조사에 따르면 평균 사업 지속 기간이 5.4년이었고, 현재 프랜차이즈 사업의 49%가 최근 3년 동안에 프랜차이즈 사업을 개시했다.

업종별 프랜차이즈 본부 수

업종	비중(%)
제과, 제빵업	2%
빌딩 건축업	0.2%
비즈니스 서비스업	1%
유아관련사업	3%
교육관련사업	4%
편의점	12%
패스트푸드사업	15%
숙박업	0.2%
유지관리 서비스업	2%
인적 서비스업	0.3%
인쇄업	0.5%
부동산업	1%
패스트푸드가 아닌 음식사업	34%
식품 소매업	6%
안경사업	7%
미용업	1%
서비스업	7%
스포츠사업	0.5%
자동차 관련 사업	2%

출처 : 한국프랜차이즈 총람

이는 우리나라 프랜차이즈의 절대 다수가 경영 안전을 기하지 못하고 있는 상태에서 가맹점을 모집하고 있어 가맹점 창업자까지 연쇄 부실화 가능성이 매우 높아 하나의 문제점으로 지적될 수 있다.

이는 1980년 대 후반 15개 이상의 가맹본부가 있었던 보쌈 업체들이 지금은 5개 미만의 보쌈업체만 존재하고 있으며 주기적으로 생겨나고 다시 소멸하는 반복적인 형태를 취하고 있으며 이는 본사업력이 낮음을 단편적으로 보여주고 있다.

업종별로는 비즈니스 서비스업(2.4년), 교육관련 사업(2.7년), 유지관련 서비스업(3.2년), 패스트푸드가 아닌 음식사업(3.8년)이 다른 업종에 비해 평균 프랜차이즈 사업 지속 기간이 짧게 나타났다.

(3) 취약한 유통 인프라

프랜차이즈 산업의 정보화에 대한 지원이 이루어지지 않아서 가맹사업자와 가맹본부간의 효율적인 물류정보가 이루어지지 않으며 또한 공동배송 및 물류체계가 확립되어 있지 않아 프랜차이즈 산업 발전에 걸림돌이 되고 있다.

시스템 도입 및 운영 여부

시스템	도입 및 운영(%)
재고관리시스템	66%
창고 및 배송시스템	72%
회계정보시스템(AIS)	64%
점포관리시스템	68%
인적자원관리(HRM)시스템	50%
POS시스템	29%
EDI시스템	15%
CRM시스템	19%

출처 : 한국프랜차이즈 총람

또한, 가맹본부조사 결과 공급 업체가 본부 창고까지 개별 납품하고 있는 형태가 51%로 가장 많았고 검품에서도 프랜차이즈 종업원이 직접 검품하는 경우가 60%를 차지하고 있어 물류시스템의 전근대화를 보여주고 있다고 할 수 있다.

(4) 프랜차이즈 비즈니스 창업의 체계적 접근 미흡

프랜차이즈 비즈니스는 본사와 가맹점간의 협력 시스템이다. 따라서 상호 비즈니스적 시너지 효과가 발생할 수 있도록 체계적인 접근이 필요하다.

프랜차이즈 시스템은 표준화가 매우 중요하기 때문에 창업시 표준화를 위한 매뉴얼 작성, 가맹점 경영관리 CI 및 BI 슈퍼바이징 기능 등 갖춰야 할 기능이 매우 많다. 그러나 대부분의 프랜차이즈 본사들이 주먹구구식(rule of thumb management)으로 사업을 시작하는 경향이 높고 체계적인 준비가 부족하기 때문에 창업 시부터 시스템의 접근이 필요하고, 중요하다.

(5) 프랜차이즈 본사 경영관리 미흡

프랜차이즈 비즈니스가 성공하기 위해서는 먼저 본사의 경영관리가 체계적이어야 한다. 프랜차이즈 본사의 인적자원관리, 생산관리시스템, 재무관리, 마케팅 관리 등 경영 전반에 걸친 효율적인 경영관리 시스템이 필요하다.

그러나 대부분의 프랜차이즈 본사들의 경영관리 시스템이 체계적이지 못하고 조직과 인력 측면에서 정예요원의 확보가 어렵고 업무 영역은 광범위하나 이를 뒷받침할 시스템은 초보 수준이라 해도 과언이 아니다.

(6) 프랜차이즈 전문 교육 부재

프랜차이즈 본사에서 핵심적으로 양성해야 할 분야는 핵심 기획요원, 상권분석 및 점포 개발, 상담 및 영업 전문 인력, 슈퍼바이저, 프랜차이즈 매뉴얼 작성 및 관리 요원 등 다양하다.

그러나 이와 같은 교육을 자체적으로 운영하는 회사는 많지 않으며 외부에서 체계적인 교육 프로그램을 개발하여 운영하는 기관도 전무한 편이다.

향후 우리나라 프랜차이즈 산업의 발전을 위해서는 프랜차이즈 교육을 위한 전문기관이 매우 필요한 실정이다.

(7) 규모의 영세성

선진국의 프랜차이즈 산업은 대형화, 대기업화 되는 추세를 보이고 있으며 이를 통하여 국제화를 추진하고 있다. 그러나 우리나라의 경우 자금규모가 영세한 소규모 영세 프랜차이즈가 많아 유통 및 집배송 등에서 규모의 경제를 누리지 못하고 있으며 신뢰도도 상실하는 원인이 되고 있다.

보유 총점포수별 본부 비율

보유 총점포수	본부비율(%)
10개 미만	26
11~50개	42
51~100개	14
101~500개	14
501개 이상	3
무응답	1

(8) 낮은 신뢰도

프랜차이즈 가맹본부와 가맹사업자간에 신뢰가 부족하여 분쟁이 일어날 가능성이 높아서 프랜차이즈 산업이 발전하는데 걸림돌이 되고 있고 피해사례 또한 해마다 증가하고 있다.

최근까지도 프랜차이즈 가맹본부의 정보공개 의무가 잘 지켜지지 않고 있으며 가맹금의 반환 등도 문제가 되고 있다.

또한, 가맹본부와 사업자간 분쟁이 신속히 조정되지 않는 것도 문제이다. 이러한 문제를 해결하기 위하여 최근 공정거래위원회는 가맹사업거래의 공정화에 관한 법률을 제정하였으나 신뢰도를 재고시키기 위한 제도적 보완이 필요하다. 이러한 분쟁으로 소비자 역시 프랜차이즈를 신뢰하지 못하게 하는 요인이 되기도 한다.

이는 가맹점 실태조사결과에서 보듯이 본부경영 서비스에 만족하고 있는 가맹점이 전체의 29%밖에 되지 않고 있다는 점과 본부의 경영 서비스 수준을 48%가 보통 정도로 평가하고 있다는 점에서도 찾아볼 수 있다.

가맹초기 본부로부터 사업에 필요한 정보를 서면형식으로 받은 경우가 46%로 본부의 협조와 지원이 미흡했음을 알 수 있다.

(9) 자금 지원 및 조세상 혜택 미비

한국의 프랜차이즈 산업정책 중 지원정책에서 본바와 같이 대부분의 금융지원은 중소기업에 국한되어 있다. 따라서 프랜차이즈가 중소기업에 속해야 하나 현재 중소기업의 범위를 정하여 있는 중소기업 기본법 시행령에서 지정하고 있는 중소기업의 범위에 포함되지 않고 있어 자금지원의 혜택을 받지 못하는 프랜차이즈가 많다.

중소기업의 범위에 프랜차이즈 산업이 해당되지 않는 경우가 많으며 또한 외식업과 서비스 산업이 중소기업 업종에 포함되지 않는 경우가 많아서 금융 및 세제지원이 혜택을 받지 못하는 경우가 많다.

유통합리화자금 지원도 기존이 융자대상이 유통 정보화, 물류표준화나 전문 상가 및 집배송 단지 건립 등에 국한되어 있으나 이는 너무 제한된 용도에만 지원이 가능하도록 되어 있어 실제 유통합리화자금의 프랜차이즈에 배정되기가 어렵다.

또한 조세혜택도 제조업 위주로 되어있어 소매 유통 및 외식업에 대한 조세감면 혜택이 주어지지 않는 경우가 많으며 외식업의 경우 세율이 다른 음식업보다 높은 것도 프랜차이즈 산업 정책의 문제점이라고 할 수 있다.

가맹점 조사 결과 가맹점이 사업초기 자금지원을 받은 경우는 4%에 불과하며 이 지원도 본부로부터 대출받은 경우가 42%로 가장 많다.

(10) 국제화 미흡

프랜차이즈 비즈니스는 근본적으로 글로벌 비즈니스다. 국내에서 성공한 케이스를 해외에 진출시킴으로써 더 큰 부가가치를 만드는 것이 프랜차이즈 비즈니스다. 그래서 프랜차이즈 비즈니스를 국부 산업이라고도 하는 이유가 여기에 있다.

최근 우리나라도 중국 등에 진출하는 프랜차이즈 기업들이 늘어나고는 있지만 아직 많은 문제점을 가진 채 진출하고 있다. 보다 성공적인 프랜차이즈 비즈니스를 위해 국제화에 대한 더 깊은 연구가 필요하다고 생각한다.

쉬어가는 PAGE

맥도널드 이야기

1955년 '레이먼드 크록'은 맥도널드 집안의 딕, 모리스 형제와 손잡고 시카고에 최초의 레스토랑을 오픈하며 탄생한 맥도널드는 1967년을 기점으로 전 세계를 대상으로 엄청나게 시장을 확대해 왔다.

오늘날 전 세계 110여 개 국가에서 연 400억불에 가까운 매출을 올리고 있는 맥도널드의 위상은 당연히 그 누구도 넘볼 수 없는 거대 기업일 뿐만 아니라 확실한 이익이 보장되는 안정적인 시스템과 판매망을 구축해 놓았다.

따라서 미국 내에서는 결코 아무나 맥도널드의 점포주가 될 수 없을 만큼 그 절차가 까다롭다. 결코 녹녹치 않은 승인심사를 거치고 맥도널드의 철학을 이해해야만 비로소 점포주가 될 수 있는 것이다.

1997년 한국의 주명룡씨는 뉴욕에 처음 맥도널드를 오픈해 교민 사회에서 화제가 될 정도였고, 맥도널드의 창업만으로도 당시에는 아메리칸 드림 성취란 타이틀로 이미 성공의 반열에 올라 있었다.

Mcdonald…….

바로 세계화의 상징이라 불리는 존재, 심지어는 마르크스와 공산주의라는 광풍마저도 이 앞에는 여지없이 무릎 꿇게 한 존재, 자본주의의 상징, 이러한 성공의 뒤편에는 52세라는 다른 사람들은 말년의 풍족한 삶이나 걱정할 그런 나이에, 영업 사원으로 이른바 맥도널드를 체인화 시킨 맥도널드 공동창업자, 레

쉬어가는 PAGE

이 크록이란 엄청난 CEO 때문이라 할 수 있다.
어쩌면 정통 CEO라기 보다는 독특한 이력을 가진 그는 이른바 중국의 너무나도 유명한 병법가, 강태공의 모습과 너무나도 닮은 모습이다. 시대를 낚기 위해 기다리고, 인내하고, 노력한 레이 크록은 창업하기에 남들은 늦은 나이라 했지만, 그는 세계를 뒤흔든 CEO 중 하나가 되었고, 미국의 상징이자 자본주의 상징을 재창조 해냈다.
그 만큼의 세계화와 체인점을 상징하는 맥도널드는 단순히 창조된 것이 아니며 창의적인 존재가 아니라는 것이다.
단순히 사람들이 끈기 있게 행동하지 못했던 것을 레이 크록이 전 직원들과 함께 끈기 있게 이루어낸 값진 결과물인 것이다.
바로 그는 맥도널드가 전 세계에 엄청난 체인점을 가진 세계화의 상징이 될 거라 믿었기 때문이다.

"If you believe in it, and you believe in it hard, it is impossible to fail."

이것이 아마도 이 말이 레이 크록, 맥도널드를 상징하는 그 자체가 아닐까?

맥도널드 창업자 레이 크록(Ray Kroc)이 남긴 명언

If you do it first class and you don't compromise values, and you don't compromise quality, and you don't compromise service, and you don't compromise cleanliness, then everybody else who is the competitor has got to play catch-up.

만약 당신이 최고 수준에서 일을 수행하고 당신이 가치를 타협하지 않고, 품질을 타협하지 않고, 서비스를 타협하지 않고, 청결함을 타협하지 않는다면, 경쟁하는 모든 사람들이 우리를 따라잡기 위해 노력해야 할 것이다.

The definition of salesmanship is the gentle art of letting the customer have it your way.

영업이란 고객을 당신의 방식대로 행동하게 하는 섬세한 기술이다.

If you're not a risk taker, you should get the hell out of business.

만약 위험을 감수하지 않는다면 사업을 당장 때려치우는 게 낫다.

You're only as good as the people you hire.

당신은 당신이 고용한 사람 딱 그 사람이다.

None of us is as good as all of us.

우리 중 아무도 우리 모두 만큼은 훌륭하지 않다.

It's easy to have principles when you're rich. The important thing is to have principles when you're poor.

당신이 부유할 때 원칙들을 갖는 것은 쉽다. 중요한 것은 당신이 가난할 때, 원칙을 갖는 것이다.

쉬어가는 PAGE

All money means to me is a pride in accomplishment.

나에게 있어 돈이 가지는 의미는 성취에 대한 자부심이다.

The two most important requirements for major success are ; first, being in the right place at the right time, and second, doing something about it.

성공을 하기 위한 중요한 두 가지가 있다. 첫 번째는 제 시간에 있어야 할 자리에 있는 것, 두 번째는 일에 관해서 무엇인가 하고 있는 것이다.

Luck is a dividend of sweat. The more you sweat, the luckier you get.

운이란 땀 흘린 대가이다. 당신이 더 많은 땀을 흘리면, 더 많은 행운을 얻게 된다.

If you believe in it, and you believe in it hard, it is impossible to fail.

만약 당신이 무엇인가를 믿는다면 그리고 더욱 열심이 그것을 믿는다면, 실패하는 것은 불가능하다.

국가별 최저임금을 한 눈에 비교할 수 있는 빅맥 지수

물가대비 최저 임금 수준이 가장 높은 나라는 호주인 것으로 나타났다. 호주의 최저임금은 시간당 1만 9,000원으로 18분만 일하면 맥도날드 빅맥 햄버거를 살 수 있다.

최근 미국에서 최저임금 상향 조정 문제가 사회적 이슈로 불거진 가운데 시장조사업체 컨버지엑스 그룹이 각국의 최저임금 수준을 비교해 발표했다.

컨버지엑스는 국가 경제력에 따른 화폐가치 차이를 감안해 전 세계에서 동일한 품질로 팔리는 빅맥을 기준 척도로 사용했다. 빅맥 가격을 시간당 최저임금으로 나눠 해당 국가의 물가대비 최저임금 수준을 가늠한 것이다. 전 세계 국가들의 구매력 척도로 쓰이는 빅맥 지수의 또 다른 활용인 셈이다.

그 결과 세계에서 최저임금이 가장 높은 나라는 호주였다. 호주 근로자는 0.3시간(약 18분)만 일하면 빅맥을 먹을 수 있다. 반면 세계 최대 경제대국 미국은 호주의 두 배인 0.6시간을 일해야 빅맥을 살 수 있다. 미국의 시간당 최저임금은 호주(최저임금 16.88달러·약 1만8941원)의 절반인 7.25달러다.

뉴질랜드와 프랑스 근로자들은 최저임금 기준 0.4시간 일하면 빅맥을 먹을 수 있었다. 캐나다와 일본도 미국보다 높은 0.5시간이었다.

이에 반해 중국 근로자들은 빅맥 하나를 먹으려면 3.1시간 일해야 한다. 인도는 5.8시간이다.

세계 최빈국중 하나로 꼽히는 시에라리온은 조사대상 국가 중 가장 낮은 136시간이었다. 시에라리온 근로자들은 일주일 40시간 기준으로 3주 넘게 일해야 빅맥을 살 수 있다는 얘기다.

한국은 0.7시간(42분)이었다. 그리스(0.9시간), 폴란드(0.9시간) 보다는 최저임금 수준이 높았지만 같은 아시아권의 홍콩(0.5시간)보다는 낮았다.

memo

3

프랜차이즈 기업론

1. 기업의 정의 및 특징

기업은 인간의 욕구를 충족하기 위한 물적 재화(goods)나 용역(services)을 생산하기 위한 목적을 지닌 조직이다. 이 같은 목적을 지님으로써 기업은 가족, 학교 또는 교회 등과 같은 조직단위와 구분된다.

기업은 경제 활동을 하는 집단을 의미하는 경제주체 즉, 가계, 기업 및 정부와 같은 개별경제로 구성된 종합 경제이며 그 중에 기업은 현대 사회의 중요한 역할을 수행한다고 할 수 있다.

기업(企業)이란 문자 그대로 '업(業)을 기획(企劃)한다.'의 준말이며 상식적 용어로는 '경제사업체'를 의미한다. 경제사업체는 자본주의 경제하에서 개별자본의 형태로서 구체적인 경제활동을 행하고 있는 경제주체라는 개념으로 사용하고 있다.

경제학상으로는 기업에 대한 많은 학설 내지 견해가 있으나 일반적으로 기업이란 국민경제를 구성하는 기본적 단위이며 생산수단의 소유와 노동의 분리를 기초로 하고 영리목적을 추구하는 독립적인 생산경영단위(조직체)를 의미한다.

이와 같은 관점에서 기업을 정의한다면 창조적이며, 혁신적이며, 진취성을 띠며 모험성이 짙으며 계속기업(going concern)을 유지하는 주체가 기업이다.

기업이 다른 경제주체와 구별되는 특징을 체계적으로 간추려보면 다음과 같다.

① 기업은 목적의식성을 가진 경제주체이다. 즉, 기업은 경제구성체이지만 구성은 의식적, 구체적인 존재라는 점에서 그것은 조직체라는 것이다. 또한 특정한 경제목적을 실현하기 위하여 인위적으로 형성된 목적구성체이기도 하다.

② 기업은 개별경제의 단위체로서 독립성이라는 특징을 들 수 있다. 개별경제란 국민경제를 구성하고 있는 경제단위의 하나임을 뜻하며 자본주의 경제에서 정부 및 가계와 함께 경제활동의 독립성을 가지고 있다. 즉, 기업은 자기 책임 하에서 존속하는 독립성을 간직하고 있는 특징이 있다.

③ 기업은 영리를 추구한다는 점에서 관청이나 교회와 같은 비영리조직으로부터 구별된다. 기업은 영리를 목적으로 생산 활동을 하며 그 외에 경제적 기능의 기초가 되는 소득 그 자체의 원천이며 또 그것을 이해자 집단에게 적정, 공평하게 배분하다는 과제를 본질적으로 가지고 있다.

④ 기업은 스스로 수요를 창출, 개발하고, 수요의 촉진을 도모하여 나간다는 것이다. 이와 같은 수요창조는 경영혁신(innovation)과 생산요소의 신결합(new combination)으로 실현된다.

P.F. Drucker는 기업의 최대목적을 '고객의 창조(creation of customer)'라 하고 고객창조, 즉 수요의 창조를 위해서는 신제품의 개발, 광고, 판매촉진, 유통경로의 확립 등 일련의 마케팅 활동이 필요하다고 주장하였다.

(1) 기업의 목적

기업이 존재하는 목적에는 단일목적론과 다원목적론이 있다. 단일목적론은 기업의 목적을 하나로 보는 것으로 경영학 측의 전통이론에서의 기업의 목적은 이익 극대화였다.

다원목적론은 기업의 최종적인 목적을 기업의 존속과 성장에 두고, 이를 위해서는 단일목적이 아니라 다원적인 목적이 필요하다는 것이다. 다원목적론은 기업의 목적을 이윤의 극대화, 생산성 증진, 봉사 목적, 고객 창조로 구체적으로 다음과 같다.

① **이익 극대화의 목적**

모든 기업이 추구하는 그리고 실현하도록 노력해야 하는 가장 중요한 목적은 기업이익의 극대화(corporate profit maximization)이다. 특정기업체가 도산하지 않고 계속 생존하여 양적, 질적으로 성장, 발전하고 경쟁력을 강화하는데 필요한 경쟁우위 요소를 확보하고 사회적으로 좋은 명성과 이미지를 쌓고 기업의 역할과 기능을 수행하려면 기업은 자본주의적인 경영으로서 이익의 극대화를 목적으로 한다는 견해이다.

② **생산성 증진의 목적**

생산 기능을 담당하는 기업으로서의 목적은 생산에 있어서 기술적 효율성을 높일 필요가 있는데 기업의 목적은 영리성, 이윤추구, 생산성, 기업의 유지존속에 필요한 이윤 확보, 종업원의 임금 인상, 제품 가격의 인하, 생산성 향상 등 적은 투입으로 많은 산출을 하여 결과를 적절하게 배분하는 것이라는 견해이다.

③ **사회적 봉사의 목적**

기업의 사회적 목적은 기업 활동으로 인해 발생하는 부정적인 영향을 최소화 시키며 사회 전체의 이익을 추구하는 것을 의미한다. 이는 사회가 기대하는 역할을 기업이 자발적으로 수행함으로써 달성된다. 포드(Ford)는 기업의 목적으로 이익 극대화설을 부정하고 기업행동의 원리는 영리성, 이윤추구, 저가격과 저임금의 원리에 따른 기업의 목적은 봉사(service)에 있다고 하였다.

④ **고객창조의 목적**

P.F. Drucker는 기업은 사회로부터 부를 산출하도록 자원을 위탁받은 하나의 사회적 기관이므로 기업의 목적은 사회에 있어야 하며 고객의

창조((creation of customer), 마케팅(marketing)과 혁신(innovation), 필요요구의 최저이윤 획득 등 고객의 창조를 기업의 목적이라고 하였다.

(2) 기업 분류 기준

기업은 다양한 형태로 존재한다. 기업형태를 분류하는 기준에는 기업의 규모, 업종, 출자자, 법/제도, 정부와의 관계 등을 토대로 다음과 같이 분류하는 것이 일반적이다. 기업형태의 분류기준은 다음과 같다.

① 규모에 의한 분류

기업은 경영하는 규모의 크기에 따라서 대기업, 중기업 및 소기업으로 분류할 수 있다. 규모의 크기란 자본액, 매출액 또는 종업원 수 등을 기준으로 하는 것을 의미한다.

② 업종에 의한 분류

기업이 종사하고 있는 업종에 따라서 공업, 상업, 광업, 금융업, 통신업, 서비스업 등으로 구분할 수 있다.

③ 출자 성격에 의한 분류

기업의 출자자를 공사별로 나누어 공기업, 사기업 또는 공사공동기업 등으로 구분할 수 있다. 즉, 공기업은 정부나 공공단체에서 출자한 것이고 사기업은 민간이 출자한 것이며, 공사 공동기업은 민간인과 정부 혹은 공공단체가 공동으로 출자한 기업의 형태이다.

(3) 기업 형태

1) 기업형태 결정의 주요 사항

회사의 형태를 법인의 형태로 할 것인지 아니면 개인의 소유로 할 것인지 정해야 한다. 특히 법적인 지위를 확실하게 해두려면 합명회사, 합자회사, 주식회사, 유한회사 등의 법인형태를 취해서 법원에 등록해야 한다.

외부 자본을 끌어오기 위해서는 주식회사의 형태가 유리한데 미리 주식을 발행하여 창업자들끼리 투자비율(보통 현금출자 비율에 따라 배분한다.)에 따라 주식을 나누어 갖는다.

주식회사를 설립하려면 1주에 5천 원 이상, 자본금 5천만 원 이상 출자요건이 충족되어야 한다. 주식회사는 주주의 유한책임제도, 자본의 증권화, 소유와 경영의 분리라는 특징을 가져 출자자의 자본 운용을 분리할 수 있게 한다.

① 주식회사(Stock corporation)

주식회사란 자기가 인수한 주식의 금액을 한도로 회사에 대하여 출자를 할 뿐 회사 채권자에 대하여는 전혀 책임을 지지 않는(간접 유한책임)사원, 즉, 주주만으로 구성된 회사를 말한다.

주주는 주주총회를 통하여 기본적 상황의 결정에 참여할 뿐이고, 업무집행과 회사 대표는 이사회와 대표이사가 하며, 주주의 지위를 나타내는 주식도 양도가 매우 자유롭다.

주식회사는 사원의 개성이 전혀 문제되지 않는 전형적인 자본단체이므로 대기업에 적합한 회사이다.

② 유한회사(Private company)

유한회사는 사원 전원이 그들의 출자액을 한도로 하여 채무를 변제한다는 유한책임을 부담하는 사원으로 조직되는 회사이다.

유한회사의 전 사원이 유한 책임을 진다는 점은 주식회사의 경우와 같다. 유한회사는 비교적 소수의 사원(2인 이상 50인 이하)과 소수의 자본으로 운영되므로 중소규모의 기업 경영에 주로 이용된다.

③ **합명회사(Unlimited or general partnership)**

합명회사는 2인 이상의 사원이 공동으로 출자하여 각 사원이 회사의 채무에 대하여 연대하여 무한 책임을 지는 회사이다.

따라서, 각 사원은 원칙적으로 업무집행 및 회사 대표의 권한을 갖고 그 지분의 양도에는 전사원의 동의를 필요로 한다. 합명회사는 인적 신뢰관계를 바탕으로 한 소수인의 공동 기업에 적합한 회사형태이다.

④ **합자회사**

합자회사란 무한 책임사원과 유한 책임 사원으로 구성된 회사를 말한다. 무한 책임 사원은 합명회사의 사원과 같고 유한 책임 사원은 회사 채권자에 대하여 직접, 연대책임을 지나 정관으로 정한 출자액의 한도 내에서 책임을 진다.

유한책임사원은 업무집행권은 없으나 감사권은 있으며 그 지분의 이전도 무한책임사원의 동의만 있으면 되므로 무한 책임 사원에 비하여 자유로다.

2. 중소기업(Small and medium business)

(1) 중소기업의 의의와 특성

1) 중소기업의 의의

중소기업이란 기업 규모가 상대적으로 작은 기업군 또는 기업을 말하는데 반드시 규모만을 기준으로 분류할 수 는 없다. 중소기업의 정의는 시대, 업종, 나라에 따라서 다를 수 있다.

중소기업의 범위

업종	중소기업		소기업
	상시근로자수	자본금/매출액	상시근로자수
제조업	300인 미만	자본금 80억 원 이하	50인 미만
광업, 건설업, 운수업	300인 미만	자본금 30억 원 이하	50인 미만
대형종합소매업, 정보처리 및 기타 컴퓨터 운영 관련업	300이 미만	매출액 300억 원 이하	10인 미만
종자 및 묘목 생산업, 어업, 연료 및 관련제품 도매업, 호텔업, 방송업 등	200인 미만	매출액 200억 원 이하	10인 미만
의약품 도매업, 통신판매업, 방문판매업, 여행알선, 하수처리, 폐기물처리 등	100인 미만	매출액 100억 원 이하	10인 미만
농업 및 임업, 도매 및 상품중개업, 음/식료품 위주 종합소매업 등	50인 미만	매출액 50억 원 이하	10인 미만
기타 모든 업종	30인 미만	매출액 20억 원 이하	10인 미만

2) 우리나라 중소기업의 특성

① **규모의 영세성**

우리나라 중소기업은 종업원 300인 미만의 사업체수가 총 중소기업의 99.6%에 달하는 것으로 나타났다.

이와 같은 규모의 영세화는 고급 인력을 경영활동에 참가시키는 것이 어려운 일이며, 기업주의 주관과 독단에 의한 경영이이뤄지기 쉽고 합리적이고 과학적인 경영을 기대하기 어려운 요건이 되고 있다.

② **기술수준의 저위성**

우리나라 중소기업의 기술개발 투자액이 선진국의 중소기업이나 대기업에 비하여 크게 뒤지고 있으며 품질수준도 저위를 면치 못하고 있다.

③ **경쟁력의 허약**

우리나라 중소기업은 조직력의 취약성, 판촉활동의 미숙 등으로 동일한 품질이라도 대기업에 비하여 판매경쟁에서 뒤떨어질 뿐만 아니라 외상 판매대금(어음)의 평균 총회수 기일이 많아중소기업 경영사의 가장 큰 애로 요인이 되고 있다.

④ **노사협조의 미약**

노사간의 인식부족과 가치관의 혼돈, 후생복지시설의 상대적 미비 등으로 종업원의 불만을 흡수, 소화하기에 역부족이 발생하여 이직의 원인이 되고 노사분쟁쟁의 큰 요인이 되고 있다.

이것은 중소기업의 생산성 향상과 계속기업으로서의 성장에 큰 저해 요인이 되고 있는 실정이다.

⑤ **자금 조달의 문제**

우리나라 중소기업의 규모의 영세성은 신용력과 담보력이 부족하여 금융기관으로부터 소외당하는 경우가 많으며 자금난의 심화로 중소기업의 가동률이 저하되고 휴, 폐업 상황이 증가하고 있다.

이외에도 정보력의 미흡, 재정 및 금융지원, 면세지원 등의 부재 등 중소기업만이 갖는 경영상의 특성과 애로는 산적해 있다.

⑥ 물류비용(Physical distribution cost)의 증대

사회간접자본의 투자 소홀로 우리나라 기업이 부담해야 하는 물류비용은 엄청나게 커서 경쟁력 약화의 중요한 원인이 되고 있다.

(2) 중소기업의 중요성

우리나라 중소기업이 특성상 매우 취약한 구조를 갖고 있음에도 불구하고, 중소기업은 대단히 중요한 사회구조상의 위치를 점하고 있는 것이 현실이다.

1) 중소기업은 혁신의 원천

중소기업은 중요한 혁신의 원천이다. 중소기업은 대기업이 하지 못하거나 하기를 꺼리는 새로운 아이디어나 제품, 서비스를 개발해 내고 있다.

이것이 가능한 이유는 중소기업은 작은 몸집에 유연성을 지니고 있어 변화하는 시장상황에 맞추어 새롭게 변신하기가 쉽기 때문이다.

2) 중소기업의 효율적 운영

중소기업은 소비자에게 매우 다양한 재화와 용역을 제공할 수 있다. 왜냐하면 대기업이 기업하기에는 경제성이 없는 소규모 시장에서는 중소기업은 번창할 수 있기 때문이다.

또한, 사회 전체적인 관점에서 보았을 경우에도 자신의 생산 규모에 맞는 제품을 대기업과 중소기업이 분업적으로 생산할 때 비로소 가장 낮은 원가로 생산이 가능하다는 점에서 중소기업의 역할은 중요하다.

중소기업은 대기업과의 사회적 분업을 통해 국가 전체의 효율성을 제고시킨다. 일반적으로 대규모 기업은 모든 부품이나 공정을 자기 공장에서 제작하는 것이 가능할지는 모르지만 경제적이라고 할 수는 없다.

많은 부품의 가공 및 제작을 중소기업이 맡아서 한다면 중소기업의 조직은

소규모이므로 관리비가 저렴하고 전문적으로 생산함으로 생산비도 낮을 것이다.

따라서 대기업은 완제품 조립을 전문화하고 중소기업은 부품 생산을 특화하는 것이 경제적인 경우가 많다.

3) 중소기업은 건전한 경쟁력을 자극

중소기업이 시장에 참여하여 몇몇 대기업들에 의한 독과점체제가 무너지고 경쟁이 강화되면 소비자는 선택의 폭이 넓어지고 보다 나은 품질의 상품을 저렴한 가격으로 구입할 수 있게 된다.

4) 중소기업은 다양한 소비 욕구를 충족

현대사회는 갈수록 다양화, 개성화, 전문화되어 가고 있다. 이러한 현대인의 욕구를 개성 있는 상품으로서 충족시키기 위해서는 다품종, 소량생산의 체제가 요구된다.

다품종, 소량생산은 대기업보다 중소기업이 적절하기 때문에 소비자의 다양한 욕구와 수요의 변화를 잘 파악하여 성공한 중소기업이 많다.

5) 중소기업은 신기업의 온상

중소기업은 도전의식과 독립심이 강한 사람에게 창업의 기회를 제공해 주는데 그들은 자체 경제의 활력을 높이는데 크게 기여한다.

따라서 중소기업은 기업가적 재능을 가진 자에게는 기회의 제공자로서 대기업에는 모체로서 경제사회에 대해서는 활력을 불어넣는 촉매로서의 기능을 가진다.

6) 중소기업은 고용창출로 사회 안정화에 기여

중소기업의 기업규모는 대기업에 비하여 작지만 전체적으로는 대기업보다 더 크기 때문에 노동력의 흡수로 일터를 제공하여 사회적 안정대를 형성하는 역할을 한다.

7) 중소기업은 지역사회의 이웃

많은 중소기업이 일정한 지역을 기반으로 지역사회 발전에 구심적 역할을 하고 있다. 주민의 취업기회를 제공하고 소득을 증대시켜 지역 간 소득불균형을 줄이며, 세금을 통해 지방재정에 기여하고, 지역의 소비 수요를 충족시키며 도로, 항만 등 사회간접자본을 확충케 하고 지역주민의 사회, 문화 활동을 활성화 하는 등 기업시민으로서의 다양한 역할을 수행하고 있다.

(3) 중소기업의 생존전략

경제성장을 견인해 왔던 대기업 집단은 IMF사태를 계기로 내, 외부로부터 거센 도전에 직면하고 있다. 30대 그룹 가운데 현재 그룹 형태를 유지하고 있는 기업은 극소수이며 대기업은 안전하고 강하다는 '대마불사'의 신화가 붕괴되고 있다.

이는 대기업들이 지난 10년간 경영여건에 지각변동이 일어났는데도 이를 간과하고 과거의 틀에 안주하여 위기를 자초한 결과라 판단된다. 이는 세계 산업계는 글로벌 경쟁력을 갖춘 강한 자만이 살아남는 구조로 변화했으나 국내 대기업들은 규모 확대에 치중한 결과에 기인된다.

그러나 일부 중소기업은 IMF라는 혼란에도 불구하고 자기 입장에서 더욱 굳건한 지위를 유지, 자신의 분야에서 최선을 다하여 높은 시장점율, 우수한 기술력, 틈새시장 공략 성공 등에 힘입어 세계적인 경쟁력을 갖춘 기업으로 성장하였다.

1) 총체적 경쟁을 위한 인식의 전환

과거의 경쟁은 단순, 부분경쟁(가격, 품질, 디자인)이었지만 이제는 총체적 경쟁 상태로 변화되었다. 경쟁의 형태도 요소 주도형(생산요소 중심경영) 단계에서 투자 주도형(규모의 경제력, 이익 확보나 자동화 시설의 도입) 단계로 바뀌어 가고 있다.

따라서 기업의 생존전략을 강구함에 있어서는 경영혁신, 기술혁신을 적극적으로 도입하는 사고의 틀이 필요하다.

2) 가격 경쟁력 강화에 의한 시장우위를 경주

고객의 욕구가 변하고 경영정책 또한 변하고 있다. 시장경쟁에 살아남기 위해서는 품질도 좋고 가격도 절렴한 제품을 선호하게 되었다. 이처럼 가격을 파괴하기 위해서는 생산 라인이나 부품을 축소한다든지 생산성 향상을 기하여 원가절감(Cost reduction) 및 기술개발, 근로자의 기능연마 및 근로의욕 고취가 선행되어야 할 것이다.

이외에도 재구조화(Restructuring)나 리엔지니어링(Reengineering), 기구축소(Downsizing)를 실현함으로써 목표를 보다 효율적으로 달성할 수 있도록 관리방안을 강구해야 한다.

3) 기술 경쟁력의 강화

고객의 욕구를 충족시키기 위해서는 기술개발과 경영혁신을 도모해야 한다. 이를 위해서는 전사적인 인력이 필요하다.

4) 정보능력 구축

정보사회(Information society)에서 적절한 정보능력을 갖추지 못할 때 현대기업은 살아남을 수 없다. 중소기업의 경우 정보면에서 정보요건(Information requirements)에 부응할 수 있는 정보능력을 갖추지 못하게 되면 올바른 의사결정과 집행은 불가능하게 된다. 이로써 정보 제공 체제 및 정보관리 시스템을 위한 방안을 강구해야 한다.

5) 고객만족, 고객 감동의 경영 체제를 도입

고객만족, 고객감동, 고객행보의 경영체제를 도입하여야 한다. 소비자가 항상 옳다(Customer is always right)라고 하는 것이 오늘날의 현실이므로 총체적 고객만족과 고객감동을 실현시켜 줄 수 있도록 경영활동을 전개하여야 한다.

6) 대기업과의 계열화를 효과적으로 유지

중소기업의 계열화(Integration)는 대기업이 여러 관련 기업을 하청공장(Subtract plant)으로 둠으로써 대기업은 기간공장(Key plant)으로서의 역할을 수행함을 의미한다.

이와 같은 계열화를 통해서 대기업과 중소기업은 생산 공장의 합리화를 도모할 수 있고 판매시장의 확보도 용이하게 된다.

대기업이 중소기업에 계열화를 통한 일거리를 제공함으로써 중소기업도 그 생존이 가능하게 되고 대기업은 제조 공정상 애로가 되는 공정을 중소기업에 하청으로 맡김으로써 제조 과정상의 애로 부분(Bottleneck process)을 효율화 할 수 있다.

3. 기업의 사회적 책임

현대의 기업의 규모가 거대해져 감에 따라 점차적으로 사회적으로 미치는 영향력이 크게 증대하게 되었다. 이에 기업은 단순히 개인 재산의 증식 수단으로 관리되던 소극적인 차원을 벗어나 사회제도의 한 구성 부분으로서 변화를 유도하는 적극적인 요인으로 등장하게 되었다.

즉, 기업의 경영활동은 단순한 생산과 판매기능을 벗어나 사회적으로도 매우 중요한 역할을 한다. 기업이 생산하는 제품이나 서비스는 소비자들의 생산을 변화시키고, 경영자들의 가치관과 행동이 사회 전체의 건전성을 좌우하기 때문이다.

기업이나 경영자의 책임이 발생하는 근거는 기업이 사회적 존재로서 이윤을 추구하면서도 사회적 역할을 수행해야 하는 사회적 존재이기 때문이다.

(1) 기업의 사회적 책임(Social responsibility of business)

기업의 사회적 책임이란 기업이 이해관계자 집단에 대하여 반응하는 것이다. 즉 '기업의 행동이 사회에 미치는 영향을 진지하게 고려하는 것'이라고 말할 수 있다.

기업의 사회적 책임은 기업과 사회 상호간에 이익을 주는 방법으로 기업의 경영활동과 정책을 사회적 환경에 연관시키는 기업의 능력을 의미하는 것이다.

이를 위해서 기업은 경제적 기구로서 소비자들이 필요로 하는 제품과 서비스를 제공함으로써 생활수준을 향상시키는 경제적 책임(Economic responsibility)

을 우선적으로 수행해야 한다. 이러한 경제적 책임을 수행하는 과정에서 이해 관계자 집단에게 미치게 될 의사결정 과정의 영향력을 고려하고, 그들에게 최선의 결과가 주어질 수 있도록 의사결정을 해야 한다.

최근 경기침체로 인하여 기업의 도산과 부실이 속출하고 있는 것은 기업이 기본적 의무를 소홀히 한 결과로 볼 수 있다. 기업들은 기업이 존재하는 이유가 무엇이며, 책임은 어디까지이며 존경받는 기업이 되기 위해서는 어떠한 조건을 갖추어야 하는지를 심각히 고려해야 한다.

이윤의 극대화라는 기업의 역할은 이해 관계자와의 이익도 고려하는 수탁경영으로 변모하고 이제는 사회적 이익을 고려하는 성향으로 변하고 있음을 보여주고 있다.

기업 역할의 변화

제 1단계	→	제 2단계	→	제 3단계
이윤 극대화 경영		수탁경영		생활의 질 경영
기업의 사적 이익만 추구		이해 관계자 집단의 이익도 함께 고려		사회적 이익도 고려

1) 기업의 사회적 책임의 내용

기업은 이익을 추구하는 집단이면서 사회적으로 지켜야 할 책임이 있다. 위의 사례에서와 같이 풍요로운 나무와 숲을 만듦을 통하여 기업으로서의 사회적 책임을 다하고 있는 것이다.

기업이 가져야 하는 사회적 책임에는 어떠한 것들이 있는가에 대하여 구체적으로 알아보자.

① 기업유지 및 존속 그리고 발전에 대한 책임

오늘날 기업은 어느 한 개인의 것이 아니고 사회의 것이며 그것은 사회적이고 공익적인 당위성면에서도 유지, 성장되어야 한다. 이와 같은 공공성을 갖는 기업이 계속기업으로서 유지, 존속될 수 없을 때, 다시 말해서 파산 될 때 국민경제 전체에 대해서 갖게 되는 손실은 말할 것도 없이 클 것이기 때문이다.

그러므로 기업은 반드시 유지되고 존속되어야 하며, 보다 적극적으로 성장됨으로써 국민경제의 성장과 발전과정에 있어서 경제 성장의 핵으로서 기능을 충실히 수행할 수 있어야 한다.

② **종업원의 인간적 만족에 대한 책임**

기업이 보유하는 최대의 자산은 인적자산(Human assets)이다.

훌륭한 경영, 인적자원을 확보하고 그들에게 적절한 리더십을 통하여 동기를 부여해 줄 때 그들의 기업에 대한 협동적 노력은 커지게 된다. 이들 종업원들에게 경영참가제도나 복지제도를 도입, 활용함으로써 회사와의 일체감을 형성시키고 이를 통해서 그들의 인간적 만족을 실현시켜 줄 때, 생산성은 자동적으로 높아질 수 있을 것이다.

종업원들에게 사회적, 심리적, 경제적 만족감을 형성시켜 준다는 것은 경영사회의 안정화를 위해서도 꼭 필요하다.

③ **이해자 집단에 대한 이해 조정 책임**

이해자 집단의 이해관계는 이율배반적인 경우가 많은데 이들 이해가 충돌될 경우 이는 경영의사결정이나 집행과정에서 커다란 문제를 야기시킬 것이므로 이들 이해자 집단의 이해 조정문제는 경영자의 중요한 사회적 책임과제가 된다.

이해자 집단(Interest group)이란 기업에 이해관계를 갖는 집단을 말한다. 따라서 경영자는 주주에 대한 올바른 배당지급, 채권자에 대한 확실한 이자와 원금의 지급, 노동자에 대한 양호한 노동조건의 확보, 소비자에 대한 제품 및 서비스의 제공, 지역사회에 대한 협력 등을 통하여 이들의 요구에 충실히 보답하는 사회적 책임을 이행해야 한다.

④ 후계자 양성에 대한 책임

제너럴 일렉트릭사(General Electric Co)의 코디너(j.Cordiner) 사장은 하버드 경영대학원에서 '능률적인 조직구조(Efficient organizational structure)'라는 강연을 통하여 자기임무를 충실히 이행하고 있는 최고경영자라면 임명된 후 적어도 3년 이내에 자기와 동등하거나 그 이상의 업적을 올릴 수 있는 후계자를 최소한 3명은 양성해야 한다고 주장한 바 있다.

내일을 위한 유능한 경영자의 양성 없이 기업성장을 기대할 수는 없기 때문이다.

⑤ 혁신과 인간존중의 조화에 대한 책임

혁신시대 도래와 함께 경영환경의 급격한 변화로 인하여 기존의 경영질서, 감각, 행동원칙은 불가능하게 되었다. 기업 측에서는 원활한 환경적응을 위해서 기업의 체질을 과감하게 변혁 또는 혁신토록 노력해야 한다.

⑥ 고객에 대한 극대만족의 실현

기업이 보다 훌륭한 재화와 용역을 생산해서 제공함으로써 고객의 그대만족을 실현시켜 주고, 이를 통해서 그들의 생활의 질(Quality of life)을 높여줄 수 있을 때 기업이 갖는 소비자 집단에 대한 책임은 보다 잘 이행된다.

판매 없는 사업은 존재할 수 없고 고객 없는 기업 또한 생각할 수 없기 때문에 현대 경영자는 기술혁신을 통하여 염가, 양질의 제품을 생산, 공급함으로써 고객에게 서비스를 충실히 제공하여야 한다.

⑦ 지역 사회에 대한 책임

오늘날 경영자는 지역사회에서 종업원을 고용한다거나 그들의 복지향상을 통하여 지역사회의 발전에 기여함은 물론, 지역사회에 재투자를 하고 지역의 문화, 교육사업 등에 적극성을 보여야 한다.

L.B.Lundborg는 교통장애의 방지, 도로손상의 방지, 공장의 미화, 경관파괴의 방지, 대기 오염, 하천 오염의 방지, 대규모 노동의 방지, 노령자

해고의 억제, 기업상해가족에 대한 충분한 배려에 의하여 현대 기업은 지역사회에 대한 책임을 성실히 이행하여야 한다고 강조하고 있다.

⑧ **정부에 대한 책임이행의 충실**

경영은 국가의 법규나 규제의 영역에서 벗어나지 않도록 경영 활동을 전개하여야 한다. 정부를 의식한다는 것은 곧 국민을 의식하는 것을 의미하며 이것은 기업 활동의 대전제이기도 하다.

⑨ **채권자, 기타 원료공급자에 대한 책임**

채권자나 원료공급자는 기업의 가장 중요한 집단의 하나이다. 따라서 채권자에게 채무를 불이행 한다든지 계약을 준수치 않는 행위, 원료공급자에게 대금지급을 미룬다거나 이행하지 않을 때 기업의 신용은 실추되고 그에 따라 기업이 업계에서 설 수 있는 땅을 잃게 될 가능성은 커진다.

⑩ **기술 개발에 대한 책임**

오늘날 기술의 진보, 소비자 요구의 다양성, 그리고 기업 간 경쟁격화는 기업에 있어서 기술혁신에 의한 신제품 개발의 필요성을 가속시키고 있다. 신제품 개발의 가능성은 부단한 연구/개발(R&D) 관리의 확충에서 비롯되며 이는 생산성 향상에 의해 사회적 이익이 증대되는 방향으로 전개되어야 할 것이다.

기술의 개발과 연구는 우리 기업의 생존과 발전에 있어서 필수 불가결하다고 하겠다. 경영자는 기술혁신에 많은 시간과 노력 및 투자를 집중해야 한다.

(2) 존경받는 기업의 조건

사회적으로 존경받는 기업이 되기 위해서는 경영성과 뿐만 아니라 경쟁력, 혁신능력, 성장과정의 건전성 등을 종합적으로 고려해야 한다.

존경받는 기업의 평가 조건

평가기준	관련평가항목
경영성과	- 장기적인 투자가치 - 제품, 서비스의 질 - 브랜드 이미지 - 경영성과의 향상도 - 탁월한 경영성과 - 고객 만족도
혁신능력	- 혁신력 - 조직의 활력 - 종업원에 대한 복리후생
경쟁력	- 경영능력 - 인재의 채용, 개발 유지능력 - 효과적인 경영전략 - 연구개발력 - 국제화의 진전도
사회성	- 사회와 환경에 대한 책임 - 주주, 사회와의 관계 - 정직성과 윤리성

1) 경영성과

뛰어난 경영성과는 존경받는 기업의 가장 중요한 요소이다. 경영성과에는 성장성뿐만 아니라 수익성, 효율성, 안정성 등에서 우수한 실적을 얻어야 한다.

성장성과 수익성은 기업이 발전하기 위한 기본적인 조건이며, 효율성과 안정성은 지속적인 성장에 견인 역할을 하기 때문이다.

이와 같이 차별화된 경쟁우위를 바탕으로 뛰어난 경영성적을 발휘하면 기업의 가치도 상승하게 된다.

2) 혁신 능력

혁신능력은 끊임없이 변화를 추구하는 리더십과 창의력을 바탕으로 경영환경에 유연하게 대응하는 능력을 말한다.

존경받는 기업의 공통점은 혁신을 통한 초일류 경쟁력을 바탕으로 뛰어난 경영성과를 내고, 이를 기반으로 사회 친화적인 활동을 전개하여 모든 이해관계자들을 만족시키는데 있다.

즉, 경영환경의 변화에 유연하게 대응하고 나아가 경영환경을 리드할 수 있는 혁신 능력이 중요하다.

3) 경쟁력

기업 경쟁력의 원천은 사람(People), 제품(Product), 프로세스(Process)에 있다. 종업원을 비용의 원천이 아닌 투자의 대상으로 인식하는 것이 인적자원의 경쟁력을 높일 수 있고, 경쟁 기업보다 앞선 신제품의 개발과 차별화된 서비스는 독점적 이익을 창출하는 원동력이 되며, 프로세스를 초일류화 하여 합리적인 비용으로 좋은 품질을 적기에 생산하여 이익을 확보하여야 한다.

4) 사회성

기업이 제품의 생산이나 판매과정에서 사회에 피해를 주지 않고 건전한 이익을 추구하게 되면 사회 친화적 활동의 출발점이 된다.

즉, 소비자들에게 즐거움과 편리성을 제공하는 좋은 품질의 제품을 생산하여 판매함으로써 사회적 후생을 증진시키는 것을 말한다.

이러한 과정은 내부적으로는 일하고 싶은 기업이라는 이미지를 얻고, 외부적으로는 사회에 기여하는 기업이라는 이미지를 구축해야 한다.

4

프랜차이즈 인적자원 관리

즈 · 경 · 영 · 전 · 략 · 론 · 뷰 · 티 · 브 · 랜 · 차 · 이 · 즈 · 경 · 영 · 전 · 략 · 론 · 뷰 · 티 · 브 · 랜 · 차 · 이

1. 인적자원 관리의 개념

미래학자 앨빈 토플러에 의하면 다가오는 정보화 시대에는 사람의 창조적인 두뇌에 의해 새로운 아이디어가 나오고 이를 기초로 하여 가치가 창조될 것이기 때문에 사람이야 말로 건물과 공장을 대신해서 이윤창조 활동에 있어 가장 중요한 자산이 될 것이라고 했다.

즉, 가치를 창출하기 위한 기업의 목표활동이 사람 즉, 인적자원에 달려 있다는 것이다. 이러한 경영활동의 변화와 더불어 실제로 기업의 인적자원관리에 많은 변화가 일어나고 있다.

과거에 강조되었던 단기적 목표, 개인목표보다는 장기적 경쟁력, 조직목표로 개념이 바뀌어야 한다는 공감대가 널리 형성되고 있다.

인적자원 관리의 궁극적인 목적은 기업의 풍토와 문화를 무시한 채 시스템만을 베꼈던 모습에서 탈피, 장기적 안목에서 개인목표와 조직목표의 통합을 중시하고 구성원 개인의 직무보다는 경력개발을 중요시하고 있는데 이러한 현대적 개념의 인사관리를 인적자원관리(Human Resource Management : HRM)라고 한다.

인적자원관리는 열심히 일하기(Working hard)가 아니라 현명하게 일하기(Working better)를 추구하고자 하는 것이다.

우리나라의 프랜차이즈 산업의 경우 인적자원의 개발 필요성은 다른 어느 산업분야보다도 시급한 실정임을 공감하고 있다. 프랜차이즈 산업에서의 인적자원 개발은 해당되는 특징 직무를 수행하는 기술을 향상시키는 훈련뿐만 아니라 전체적인 기업환경에 대한 일반적인 지식과 이해를 증진시키는 교육을 포함하여야 한다.

(1) 인적자원관리의 중요성

디지털의 발달, 노동시장의 구조변화, 지식구조의 중요성 대두, 글로벌 경쟁과 외국자본활성화 등 인적자원 관리환경의 변화는 기존 산업에서의 생활, 생산방식, 노동시장 등을 획기적으로 변화시키고 있다. 이러한 디지털의 급격한 발달과 확산은 조직구조를 보다 유연하고 탄력적인 네트워크 조직으로 변하게 하고 있다.

따라서 1980년대의 안정적 경영환경, 연공적, 사람중심, 1990년대에는 유동기적 경영환경, 과도기적 신인사제도, Reactive 인사전략 등 기존 제도의 부분적 개선작업으로는 한계점이 있어 디지털 시대의 단절적 경영환경 변화는 총체적 인사혁신이 요구된다.

(2) 인적자원관리의 주요 내용

현대 기업에 있어서 경영전략, 경영조직, 경영관리가 매우 중요한 기업 활동이지만 결국 이러한 기업 활동을 상호 유기적으로 원활하게 작동하게끔 하는 주체는 사람이다.

기업은 새로운 신입사원을 뽑아 조직에서 필요로 하는 인재를 만들고자 하는 여러 가지 효과적인 제도들을 체계적으로 갖추어 운용하고 있다. 이러한 활동들은 확보관리, 평가관리, 개발관리, 보상관리, 유지관리 등으로 나눌 수 있다.

1) 인적 자원의 확보 관리

인적자원관리에서 제일 먼저 수행되는 기능으로서 조직의 목표를 달성하는 데 필요하고 적합한 자질과 능력을 갖춘 사람을 획득하는 과정이다.

확보관리는 구체적으로 현재 기업에서 보유하고 있는 인적자원의 적정성을 어떻게 판단할 것인가, 앞으로의 인력수요예측을 어떻게 행할 것인가, 우수인력이 우리 기업에 지원하도록 하기 위해서 어떻게 할 것인가, 타당성과 신뢰성 있는 선발 프로그램을 어떻게 마련할 것인가 등이 포함된다.

2) 인적자원의 평가관리

확보한 인적자원의 능력, 업적, 자질 등을 평가하는 활동을 말한다.

평가관리는 세부적으로 어떤 평가기준 및 원칙을 채택할 것인가, 어떤 평가항목 또는 평가요소를 선정할 것인가, 평가도구의 적정성을 어떻게 확보할 것인가, 평가방법 또는 평가자 및 절차를 어떻게 확정할 것인가, 평가에 관련된 오류들을 어떻게 최소화 할 것인가, 평가 자료는 어디에 반영할 것인가, 평가간격은 얼마나 할 것인가, 그리고 인적자원관리제도 자체의 효율성을 어떻게 평가할 것인가 하는 문제 등이 포함된다.

3) 인적자원의 개발관리

인적자원의 능력을 최대한 발휘할 수 있도록 일의 기회와 교육훈련의 기회를 부여하는 과정이다.

개발관리는 세부적으로 종업원에 대한 교육훈련의 필요성 분석, 교육프로그램의 내용 대상 방법의 선정, 교육훈련의 실시평가와 피드백의 효과적 활용, 승진기준과 승진유형의 결정, 연공이나 능력과 같은 승진요소를 어떻게 반영할 것인가, 전문화 원리에 의한 직무설계방식 이외에 현대 인적자원관리에 적합한 설계방식의 구상과 직무순환의 방침을 어떻게 설정할 것인가 하는 문제들이 포함된다.

또한 경력개발이란 개인으로서 종업원의 경력을 조직 내에서 적극적으로 실현시키는 것이며, 조직이 필요로 하는 인적자원의 능력을 계속적으로 확보하고, 조직의 발전을 도모하는 종합적인 인적프로그램이다.

다시 말하면 평소 업무수행과정이 조직의 발전으로 직결될 수 있도록 개개인의 잠재능력을 개발하고, 장래 성장을 촉진하며, 그것을 준비하는 과정으로서 조직적으로 설계된 체계적인 프로그램을 말한다.

이 같은 경력개발의 원칙으로는 적재적소배치의 원칙, 승진경로의 원칙, 후진양성의 원칙, 경력기회개발의 원칙 등이 있다.

4) 인적자원의 보상관리

확보되고 개발된 인적자원이 조직에 공헌한 만큼 금전적, 비금전적 대가를 제공하는 활동을 말한다.

보상관리는 조직전체의 보상수준을 어떤 기준에 의하여 책정할 것인가, 보상의 기본원칙을 연공에 의존할 것인가, 그렇지 않으면 성과에 의존할 것인가, 기본급 임금 체계 중에서 가장 적합한 유형을 어떻게 선정할 것이며 복합기준을 어떻게 설정할 것인가, 개인 또는 집단의 성과에 대하여 어떤 방식으로 인센티브를 지급할 것인가, 연봉제를 도입한다면 어떤 제도를 채택할 것인가, 수당이나 복리후생, 그리고 퇴직금을 어떻게 관리할 것인가 하는 문제등이 포함된다.

프랜차이즈 시스템에서 본부가 가맹점에 제공할 수 있는 보상적 힘의 가장 중요한 원천이 물류지원과 영업지원 등의 각종 지도, 지원이다.

가맹본부는 가맹점 사업자의 성공적 운영을 위해 종업원 훈련, 마케팅 지원 등 계속적 지원을 제공할 책임과 법적 의무가 있다.

그러므로 가맹본부가 제공하는 서비스 지원이 우수성에 대한 가맹점 사업자의 인식도가 높을수록 협력관계가 강화될 것이다.

가맹본부의 지원 부족은 가맹점 사업자의 시스템에 대한 만족도와 호감도를 감소시키고 결과적으로 협력관계를 약화시킨다.

5) 인적자원의 교육훈련(Training)관리

교육훈련관리란 종업원의 계속적인 능력개발을 통하여 인간자산을 유지 관리하고 미래를 위하여 개발하는 활동이다.

프랜차이즈 산업의 발전을 가장 확실히 보장해 주는 투자가 바로 '사람'과 '기술'에 대한 투자라는 인식이 보편화 되어야 한다.

따라서 교육훈련비를 비용적 지출로 보기 보다는 자본적 지출로 보아야 한다. 즉, 인적자원을 개발하기 위한 교육훈련은 기계시설에 투자하는 것과 마찬가지로 인식되어야 한다.

교육훈련은 기능, 지식의 습득을 통한 종업원의 전문적 능력향상 이외에 태도의 변화를 통한 종업원의 성취동기를 형성시켜서 노동의욕을 증진시킬 뿐만 아니라, 조직의 활성화를 촉진하기도 한다.

따라서 신상품 개발의 중요성, 기술혁신, 관리혁신, 가치관의 변화 등과 같은 교육훈련이 전체 프랜차이즈업계에 시급히 요청된다.

쉬어가는 PAGE

프랜차이즈 관련 주요 용어 해설

프랜차이즈 사업을 효과적으로 전개하기 위해서는 프랜차이즈의 개념과 주로 사용되는 용어를 이해하는 것이 필수적이다.

다음은 가맹점 사업자나 예비 창업자가 반드시 알아야할 프랜차이즈 관련 용어를 정리한 것이다.

주요 용어 및 해설

주요용어	용어해설
가맹비	가맹본부가 가맹점 사업자에게 가맹점 운영권을 부여하는 대가로 받는 금전
가맹계약	가맹사업의 구체적인 내용과 조건 등에 있어 가맹본부와 가맹점 사업자의 권리와 의무에 관한 사항을 규정한 계약
가맹계약서	가맹사업의 구체적인 내용과 조건 등에 있어 가맹본부와 가맹점 사업자의 권리와 의무에 관한 사항을 기재한 문서
가맹본부 (Franchisor)	가맹점 사업자에게 가맹점 운영권을 부여하는 사업자
가맹사업 (Franchise)	가맹본부가 자기의 상표, 서비스표, 상호, 간판 기타 영업표지를 사용할 수 있는 권리를 가맹점 사업자에게 부여하거나 경영기법 및 판촉 활동 등에 대한 지원과 교육 및 각종 영업활동에 관한 중요한 부분에 대하여 통제하는 등의 제반 사항에 대한 거래 관계를 내용으로 하는 사업
가맹사업거래법	공식 명칭은 가맹사업거래의 공정화에 관한 법률로 가맹사업의 공정한 거래질서를 확립하고 가맹점 사업자를 보호하여 가맹본부와 가맹점 사업가자 대등한 지위에서 상호보완적으로 균형있게 발전시키기 위해 제정된 법
가맹사업자 (Franchisee)	가맹본부로부터 가맹점 운영권을 부여받은 사업자
가맹점 운영권	가맹본부가 가맹계약에 의하여 가맹점 사업자에게 가맹사업을 영위하도록 부여하는 권리
가맹희망자	장래 가맹점을 운영할 목적으로 특정 가맹본부와 해당 가맹사업에 관하여 구체적으로 상담하는 사람
사업제안서	프랜차이즈 사업의 향후의 방향성과 어떻게 목표에 도달할 수 있는지에 대해 설득력 있게 설명하는 문서

주요용어	용어해설
슈퍼바이저 (Superviser)	본부와 가맹점간의 정보를 상호 전달해 주고 가맹점이 원활한 영업활동을 할 수 있도록 관리, 지도해 주는 사람
시범점포 (Model shop)	프랜차이즈 사업을 전개하기 위한 기준을 삼기 위해 본부에서 직영하는 점포
운영매뉴얼 (Operation manual)	프랜차이즈 시스템이 통일된 이미지를 유지하고, 운영상의 효율성을 높이기 위해 업무의 내용과 과정을 표준화해서 작성된 일련의 문서
정보공개서	가맹본부의 사업현황, 임원의 경력, 가맹점 사업자의 부담, 영업활동 조건, 가맹점 사업자에 대한 교육, 훈련, 지도, 통제, 가맹계약의 해지, 갱신 등 가맹사업과 관련된 사항을 수록한 문서
정기지급금 (Royalty)	프랜차이즈 패키지(Franchise package)의 대가로서 매출액의 일정비율 또는 일정액을 매월 지불하는 금전

memo

5

프랜차이즈 시스템의 교육훈련

1. 프랜차이즈 시스템의 교육훈련

(1) 프랜차이즈 교육훈련

1) 프랜차이즈 표준약관

제11조(교육 및 훈련)

① 가맹사업자가 정한 교육 및 훈련과정을 이수하지 아니하는 자는 가맹계약자의 점포 관리자로 근무할 수 없다.

② 교육은 개업시 교육, 정기교육, 특별교육으로 구분한다.

③ 정기교육은 이를 실시하기 1개월 전에 그 교육계획을 수립하여 가맹계약자에게 서면으로 통지한다.

④ 비정기교육은 이를 실시하기 1주일 전에 장소와 시간을 정하여 서면으로 통지한다.

⑤ 교육비용은 가맹사업자가 책정하고 가맹계약자에게 그 산출근거를 서면으로 통지한다.

⑥ 가맹계약자는 필요시 자신의 비용부담으로 가맹사업자에게 교육 및 훈련요원의 파견을 요청할 수 있다.

2) 프랜차이즈 교육훈련의 목적

기업조직을 둘러싼 환경의 변화는 조직의 생존, 유지 발전을 위해 보다 능동적으로 적응할 것을 요구한다.

이러한 기업환경의 변화는 교육훈련의 강화를 유도하고 있으며 이에 대한 교육훈련의 목적은 종업원의 지식과 기술 및 태도를 향상, 발전시켜서 종업원들로 하여금 그들의 직무에 만족을 갖게 하고, 직무수행 능력을 더욱 발전시켜 그들로 하여금 한층 더 중요한 직무를 수행할 수 있도록 하는데 있다.

따라서 교육훈련은 궁극적으로 기업을 유지 발전시키는 것과 직결된다고 볼 수 있다.

이를 구체적으로 보면 기업의 측면에서 교육훈련의 목적은 인재를 육성하고 이를 통한 기술 축적과 커뮤니케이션의 활성화를 통한 조직협력의 강화에 있으며, 종업원 측면에서 교육 훈련의 목적은 자기발전과 개발의 욕구충족을 통한 성취동기 유발과 자아실현에 있다.

3) 프랜차이즈 교육훈련의 변화

우리나라의 대표적인 기업의 기업교육의 역할과 기능이 기업에 적응할 사람으로부터 기업을 형성할 사람으로 바뀌어야 함을 지적하고 있다.

이는 교육훈련의 목적에 대한 우리나라 기업들의 인식의 대전환으로 받아들여지고 있으며, 이에 대한 교육훈련의 목적의 변화를 프랜차이즈 사업의 교육훈련 목적의 변화로 인식하여야 한다.

교육훈련 목적의 변화

	종전
교육목적	- 기업내부 경영에 필요한 능력의 개발 - 기업에 적응할 사람의 육성
교육방법	- 기업이 필요로 하는 지식, 기술, 태도를 습득하기 위한 교육 - 종업원의 자기성장과 보편적 자질향상을 위한 학교 후 교육 - 경영의 하위개념으로 이루어지는 교육

현행	
교육 목적	– 기업을 리드하는 개발 – 기업을 형성할 사람의 육성
교육 방법	– 무한경쟁시대의 기업생존, 성장, 발전을 위한 교육 – 경영전략 추진을 위한 교육 (기업전략/비전과 인재개발의 통합화 교육) – 혁신과 창조를 위한 리더 육성을 위한 교육 – 변화 창조형 조직원의 미래 만들기를 위한 교육

(2) 프랜차이즈 교육훈련의 기본방향

1) 프랜차이즈 계약서상에 명시

프랜차이즈 비즈니스는 계약에 의거하여 진행되는 사업으로 가맹본부의 교육훈련 프로그램을 계약서상에 명시하여야 한다.

교육훈련의 주요프로그램 내용으로는
① 교육훈련의 주요 내용
② 교육기간 및 교육의 시기
③ 강사진의 구성
④ 교육비(교육출장 교통비 및 숙식비 등 부담 관련)부담의 주체
⑤ 교육훈련의 강제성 여부
등을 계약서상에 명시하여야 한다.

2) 교육훈련의 필요성

가맹 본부측	가맹 사업자측
– 가맹 본부측에 프랜차이즈 가치체계 및 팀워크의 강화기회를 부여 – 가맹점의 동기유발 등 가맹점 관리기법 개발 – 경쟁전략 등 가맹 시스템의 개선을 위한 활동 필요	– 가맹점 종업원들에 대한 기본직무 교육 필요 – 대개의 가맹점 사업자들은 사업경험이 전무한 실정 – 사업과 관련된 제반 기술적 이해 필요

3) 교육훈련의 대상 및 교육방법

구분	본부	가맹점	교육훈련방법	
			사이버교육	교실교육
점장급 관리자	I	II	◑	●
종업원	III	IV	●	–

① Ⅰ,Ⅱ군은 가맹본부 및 가맹점의 점포장 혹은 관리자 집단으로서 사이버 교육과 함께 교실교육을 위주로 실시한다.

② Ⅲ,Ⅳ군은 가맹본부 및 가맹점의 근무자로서 사이버 방식으로의 교육훈련이 가능하다.

4) 프랜차이즈 비즈니스의 교육훈련의 정책

프랜차이즈 비즈니스의 성공적인 발전을 위하여 반드시 안정적이고 체계적인 교육훈련이 수반되어야 한다는 점을 인식하여야 한다. 이를 위하여

① 직급별 교육의 세분화를 실시하여 직급에 맞는 교육이 필요하다.

② 교육환경의 변화와 실질적인 교육시간과 공간의 한계를 극복하기 위한 사이버 교육의 필요성을 검토하여 업무와 교육이 병행될 수 있도록 하

여야 한다.

③ 평생교육의 관점에서 재교육을 실시하여야 하며, 프랜차이즈 교육을 담당할 수 있는 전문 인력의 양성이 선행되어야 한다.

5) 공동교육, 훈련, 지도

프랜차이즈 시스템의 장기적인 경쟁력 확보에 가장 필수적인 것이 본사의 가맹점에 대한 지도, 지원능력이다.

맥도널드의 성공요인은 가맹점간의 일관성 유지를 위한 철저한 지도와 체계화된 지식의 전달교육과 교육시스템이다.

영세한 국내 프랜차이즈 업체들이 이러한 능력을 갖추기는 어려우므로 공동으로 교육, 훈련, 지도를 강화할 수 있다. 지역별로 협력하여 공동지도 체제를 갖추고, 교육도 인재 pool을 형성하여 매장운영, 인사관리, 품질 및 장비관리, 고객서비스 등에 관한 교육을 공동으로 실시할 수 있다.

또한 공동으로 가맹계약자에 대한 프랜차이즈 사업의 개념 및 가맹점 사업자의 역할에 대한 이해를 증진시키기 위한 교육을 실시할 수 있다.

(3) 프랜차이즈 교과과정

1) 프랜차이즈 교육시스템

프랜차이즈 기업은 가맹점과 가맹본부 직원 등에 대해서 다양한 교육 프로그램을 개발하고 운영하여야 한다.

회사의 통일적이 이미지를 유지하면서 본부의 전략적인 지침이 가맹점에 전파되도록 하여야 하기 때문이다.

여기서 많은 교육프로그램 중에서 가장 중요하다고 생각되는 점포운영 교육, 가맹점 교육과정, 회사계층별 교육과정에 대하여 설명하면 다음과 같다.

가맹점 교육 과정

교육	과정
가맹점주 능력향상 교육	- 상품 및 서비스 관리실무 - 재고관리실무 - 점포회계관리실무 - 매출분석 및 손익관리 실무 - 개별점포 발전계획의 실행 - 가맹점 활성화 과정 - 리더십과 품질관리
점장 교육	- 고객서비스 교육 - 점포 이미지 관리 - 상품 및 서비스 관리 - 종업원 관리 - 서류작업 - 개별점포 발전계획 이해
점포운영 실무교육	- 자격교육 리뷰 - 서식작성 - 현금흐름표 - 점포실습 - 청구 및 발주 - 고객서비스 - 종업원 채용과 직무할당 - 가맹전산 - P.O.S 교육 - 상품관리 실습 - 재고관리 실습
가맹점 자격교육	- 업종, 업태의 개념 - 근무규정 - 점내행동 요령 - 매출등록 - 장비관리 - 청결위생 - 신입사원 해당교육과정 - 고객서비스 - 벤더 관리 - 점포실습

점포운영 교육과정

분야	주요체크항목
파트 타이머 교육	- 업태, 업종의 개념 및 특성 - 고객서비스 - 납품업자 관리 - 매출등록 - 점포요령근무 - 점내행동요령 - 청결 및 위생관리
근무조장 자격교육	- 고객서비스 - 서식작성 - 장비관리 - 청구 및 발주 작업 - P.O.S 운영과 재고관리
신입사원 기본교육	- 고객서비스 - 납품업자 관리 - 매출등록 - 근무조장으로서의 업무
부점장 자격교육	- 부점장의 역할과 사명 - 서식작성 - 장비관리 - 상품 및 서비스 관리
점장 자격교육	- 종업원의 채용과 직무평가 - 직무할당 방법 - 시간관리 - 점포회계관리실무
점장능력향상교육	- 점포운영 목표관리의 실행 - 개별점포 발전계획의 실행 - 타켓마케팅 실행 관리 - 매출 활성화 실행 방안
슈퍼바이저 교육	- 지역점포 회계 관리 실무 - 개별점포 발전계획의 실행과 점포방문 지도 - 가맹계약서 실무 - 지역시장과 상권분석

분야	주요체크항목
슈퍼바이저 능력향상교육	– 우수 종업원 채용기법과 직무개선 토의기법 – 시간관리 기법과 효율적인 업무위임 – 지역점포 매출분석 – 업무계획 및 점검시스템 – 지역회의 진행기법 – 지역점포 회계 관리 – 개별점포 발전계획의 프로세스 관리 – 가맹계약서 – 가맹사업 시스템 – 업무협의 기법 – 업무지도법

과정별 교육 프로그램

구분	CEO 및 컨설턴트 과정	SV 및 관리자 과정	예비창업자 및 가맹사업자 과정
교육대상	– 전 산업의 CEO 및 임원 – 제조, 유통, 외식 및 서비스업의 CEO 및 임원 – 프랜차이즈 본사 대표 및 임원 – 프랜차이즈 본사 창업 희망자	– 프랜차이즈 본사에 근무하는 현지 SV 및 기획, 마케팅 담당자 – SV 및 중간 관리자로 취업희망자	– 소자본 창업예정자 – 현재 영업 중인 가맹점 사업자 – 전업 희망 소상공인 – 자영업 희망 회사원
교육기간	8주 24시간	4주 24시간	4주 24시간

맥도널드의 QSC&V(Quality, Service, Clean & Value)

맥도널드의 QSC&V(Quality, Service, Clean & Value)의 실천은 경쟁전략의 차원에서 철저하게 시행되고 있다.
약 300명의 현장 검사원이 1년에 4개 점포씩 각 점포를 돌아보고 영업기준을 따르고 있는지에 대한 평가를 내리고 있으며 여기에 근거하여 점포의 증설 허가가 결정된다.
본부는 판매식품에 대한 규격을 정하여, 이를 통과한 원료납품업체만을 선정하는 등 원재료단계부터 품질유지에 만전을 기하고 있다.
또한 맥도널드 사는 프랜차이즈 산업을 '사람에 의한 산업(People business)'이라고 규정하고 직원들의 교육에 최선을 다하고 있다.
맥도널드사의 직원교육은 세계 114개국 24,500여개의 매장에서 똑같이 이루어지고 시간제 직원에게도 필요한 비디오 교재를 이용한 기초교육을 실시하고 전담 트레이너를 붙여 한 달 동안 직무훈련(OJT)을 실시한다.
가맹점 사업자도 교육훈련에 반드시 동참하여야 한다. 교육과정은 최대 6개월 간 지속되며 또한 햄버거 대학이라는 교육기관을 설립하여 매년 15회에 걸쳐 연 3,000명을 교육시키고 있다.
교육은 매장운영, 인사관리, 품질 및 장비관리, 고객 관리 등에 관한 내용 등으로 이루어진다.

memo

6

뷰티 프랜차이즈의 이해

1. 뷰티 프랜차이즈 설립 개요

(1) 뷰티 프랜차이즈 패키지

뷰티 프랜차이즈는 본사와 가맹점간의 시스템에 의한 사업이므로 체인본사와 가맹점간의 기능이나 역할을 보다 명확하게 가시적으로 설정할 필요가 있다.

이러한 일련의 과정들과 체인본사가 제공하는 시스템을 프랜차이즈 패키지라고 하는데 프랜차이즈 패키지란 프랜차이즈 본사가 프랜차이즈 사업을 목표한대로 이끌어 가는 기술 및 경영 노하우를 구체화하여 명시하는 전체 과정을 말한다.

그리고 매뉴얼이란 이러한 패키지를 보다 자세하게 표준화하여 프랜차이즈 본사와 가맹점들이 실행하여야 할 업무를 문장화한 지침서이다.

프랜차이즈 패키지를 구축할 때는 우선 본사의 경영방침과 이익계획을 수립하고, 목표이익을 달성하기 위해서는 어떠한 행동을 하여야 할 것인가를 구체적으로 명시하여 매뉴얼로 만들고 이것을 가맹점에게 제시하여 지속적으로 지도하고 관리하여 평가할 수 있는 시스템이 되도록 하여야 할 것이다.

(2) 뷰티 프랜차이즈 매뉴얼 작성 방법과 기본 원칙

최초 프랜차이즈 시스템의 패키지를 구성할 때에는 테스트 점포에서 얻어진 데이터를 근거로 하여 체인 사업의 전개에 필요한 모든 기능을 표준화시키고, 과학화하여야 한다.

그리고 점차 다른 가맹점에서 얻어지는 장단점과 과제를 가지고 보충하고 개선하여 나가야 할 것이다.

따라서 프랜차이즈 패키지나 매뉴얼은 한번 선정하고, 작성하면 고정되는 것이 아니라, 상황에 따라 변화하고 발전하는 프로세스라고 하여야 할 것이다.

프랜차이즈 패키지나 매뉴얼의 내용과 범위는 아이템에 따라 약간씩 다르지만, 일반적으로 뷰티 프랜차이즈에서는 미용 기술과 상품 및 서비스, 재료와 점판 상품의 구입과 공급에 관한 관리, 점포의 실내외 인테리어와 설비 및 디스플레이 등 시설관리, 광고와 판매 촉진 및 홍보, 교육 훈련의 내용과 방법, 시술 및 작업 과정의 관리, 인사조직관리, 접객서비스관리, 매장 운영관리, 표준이익계획 관리, 경영정보관리, 경영관리시스템 등이 있다.

이러한 프랜차이즈 패키지가 프랜차이즈 사업경영에 성공적으로 적용되기 위해서는 매뉴얼이 형식적으로 만들어지면 안 되고, 반드시 실행하는 것을 전제로 하여야 한다.

매뉴얼은 테스트 점포에 적용한 결과를 분석하여, 철저히 표준화하고, 가맹점 창업 초기부터 철저하게 적용하도록 한다.

특히, 가맹점의 마켓 쉐어(Market share)가 적을 때부터 가맹점 개설시 모든 종사자가 완전히 몸에 익숙해질 때까지 현장 교육을 강화하고, 실습을 하도록 하여야 한다.

가맹점의 마켓 쉐어가 많아지면 이런저런 이유에 의해 우수한 매뉴얼이라 하더라도 이견이 많아 도입시 저항이 많을 수도 있으므로 프랜차이즈 개시 단계에서부터 철저하게 매뉴얼 중심으로 경영관리 하도록 한다.

(3) 뷰티 프랜차이즈 경영 매뉴얼 작성 기본 원칙 10가지

① 고객(소비자)과 가맹점주의 입장에 서서 작성한다.

② 최우선적으로 적용되는 중요한 업무부터 시작한다.

③ 단순화(Simple), 표준화(Standard), 차별화(Special) 즉, 프랜차이즈 경영 3대 원리인 3S를 염두에 두고 작성한다.

④ 세부 업무별 목표 및 방침을 명확히 구체화한다.

⑤ 현재의 수행 사항에 바탕을 두고 충실화한다.

⑥ 단순히 서비스나 작업 순서만을 나열하지 않도록 한다.

⑦ 도식, 영상 등으로 표현하여 비주얼화하면 알기에 편리하다.

⑧ 고객의 상황이나 조건을 예측하여 가급적 자세하게 열거한다.

⑨ 예외 또는 위기에 대한 대처 방안도 열거한다.

⑩ 매뉴얼은 한 번에 완성되는 것이 아니므로 지속적으로 개선해 나간다.

2. 뷰티 프랜차이즈 매뉴얼

(1) 뷰티 프랜차이즈 매뉴얼의 내용

뷰티 프랜차이즈 사업을 본격적으로 전개하기 위해서는 사전에 매뉴얼이 마련되어야 하고, 이것을 바탕으로 본사의 경영이나 가맹점의 관리가 표준화되어야 한다.

매뉴얼은 프랜차이즈 본사용과 가맹점용으로 구분하여 작성하되, 내용이 서로 상치되지 않도록 하고 상호 관련성이 있어야 한다.

(2) 뷰티 프랜차이저(본사) 매뉴얼의 종류와 내용

① **경영 매뉴얼** : 경영 이념과 철학, 사훈, 경영방침, 경영 전략, BI, CI, 고유 로고 및 캐릭터 등

② **마케팅 매뉴얼** : 마케팅 전략, 시장조사, STP분석, 마케팅 환경 분석(SWOT), 경쟁우위확보 전략, MD, 프로모션 계획과 방법 등

③ **정보관리 매뉴얼** : MIS(Management Information System)전략, 데이터베이스 구축, 가맹점 관리 프로그램 작성과 활용법 등

지오다노의 MIS 사례

1. 기업철학
   품질, 지식, 혁신, 서비스, 스피드 5가지 기업철학을 바탕으로 패션 유통 소매 산업의 선두주자로서 지속적인 성장 추세
2. Brand Story
   고객을 기분 좋고 멋져 보이게 만들어라.
   ① Simply Giordano
   기본적인 패션 아이템을 좋은 소재로 개발하여 한국인의 체형에 맞는 패턴과 트렌드의 아이템 제공
   ② Iconic Casual Brand
   개인의 취향과 라이프 스타일을 반영하여 세대에 부합하는 대표 캐주얼 브랜드
   ③ Young At Heart
   나이가 젊은 기준이 아닌 라이프 스타일이 젊은 고객을 위한 지오다노
3. 기업소개
   ① 거시적 산업분석
   ② 지오다노 SWOT
   ③ 경쟁사의 MIS 활용 현황 및 기대효과
   ④ SPA Brand의 핵심 전략
   ⑤ 지오다노의 MIS 활용 현황
4. 대안 설정 및 평가
5. 기대 효과

④ **가맹점개발 매뉴얼** : 가맹점 구축 전략, 입지 및 상권분석, 경쟁점 조사, 매출계획, 이익계획, 시설계획, 가맹점 모집과 선정 방법, 교육 훈련 방법, 개점 준비 계획, 개점 지도 계획 등

⑤ **운영시스템 매뉴얼** : 매뉴얼 개발, 교육 훈련 시스템, 슈퍼바이징 등

⑥ **물류관리 매뉴얼** : 구매관리, 생산관리, 품질관리, 재고관리 등

⑦ **경영관리 매뉴얼** : 재무관리, 문서관리, 인사관리, 경영분석 등

⑧ **인력개발 매뉴얼** : 인재 육성과 관리, 동기부여, 리더십, 커뮤니케이션, 인간관계 등

⑨ **법적 매뉴얼** : 프랜차이즈 계약, 정보 공개서, 가맹사업 거래의 공정화에 관한 법률 등

(3) 뷰티 프랜차이지(가맹점) 매뉴얼의 종류와 내용

① **경영 매뉴얼** : 경영이념과 철학, 사훈, 경영방침, 경영전략, 회사의 연혁과 조직도 등

② **경영자 매뉴얼** : 가맹점주의 역할, 가맹점주의 직무 규정, 회의 방법 등

③ **물류관리 매뉴얼** : 상품구성, 발주관리, 검수관리, 품질관리, 재고관리, 수불부 작성 등

④ **서비스 매뉴얼** : 고객만족경영의 의의, 접객 서비스의 기본 태도와 동작, MOT행동 요령, 고객상담기법, 클레임 처리규정, 고객만족경영의 평가

⑤ **프로모션 매뉴얼** : 프로모션의 기본 전략, 광고, 판촉과 이벤트, 홍보, 인적판매 등

⑥ **교육훈련 매뉴얼** : 교육훈련의 체계, 서비스 인성교육, 기술교육, 제품교육, OJT, OFF JT, 계층별 교육 등

⑦ **정보관리 매뉴얼** : 데이터베이스 구축, 경영관리 프로그램의 입력과 활용법, 데이터 분석 등

⑧ **시설관리 매뉴얼** : 설비와 기기의 취급 방법, 청소와 청결 관리, 고장시 처리와 A/S 방법 등

⑨ **사무관리 매뉴얼** : 보고서 작성방법, 일일업무일지, 주간업무일지, 금전관리, 회계처리, 공문양식, 세무관리 등

⑩ **긴급상황관리 매뉴얼** : 화재, 도난 발생시 처리방법, 고객안전사고발생시 처리방법 등

⑪ **결산보고 매뉴얼** : 결산처리방법, 재무제표 읽는 방법, 경영분석, 세무신고 방법, 기간별 매출 보고 등

작성된 매뉴얼은 책자로 만들거나 CD등에 담아 철저하게 관계자나 담당자에게 교육 훈련을 통하여 체득하도록 하고, 매뉴얼 자체도 철저히 관리되고 보충, 개선되어야 한다.

3. 프랜차이즈 내 Off JT의 개념

(1) 직장 외 교육(Off JT)의 개념 및 장점

1) 직장 외 교육(Off JT)의 개념

Off JT란 교육훈련을 담당하는 전문 스텝의 책임 하에 이루어지는 것으로써, 직장 내 교육훈련 이외의 모든 교육훈련을 말하는데 기업 내에 있는 양성소나 연수원 등과 같은 특정의 교육훈련을 통해서 하는 것은 물론 정기적으로 또는 부정기적으로 강습회나 강연회를 개최 혹은 기업외의 전문적인 교육훈련 기관에 위탁하여 수행하는 경우도 있다.

그러므로 내용적으로 볼 때 집단교육으로서의 성격을 갖는다고 할 수 있다.

이는 현장 종업원의 직접적인 관련을 갖지 않은 보편적인 내용, 예컨대 일반적인 작업에 대한 사고방식이나 작업의 개선방식 및 인간관계 등의 중요성 등과 같은 것을 교육 훈련하는데 적합하다.

2) 직장 외 교육(Off JT)의 장점

① 다수의 종업원에게 통일적이며 조직적인 훈련을 시킬 수 있다.
② 직무로부터 해방이 되므로 훈련에만 전념할 수 있다.
③ 뛰어난 전문가의 훈련을 받을 수 있다.
④ 다른 업무에 종사하는 사람들과 더불어 지식이나 경험을 교환할 수 있는 기회를 얻게 된다.

⑤ 목표에 대한 구체적인 노력을 촉구할 수 있다.

⑥ 현장 직무와 관계없이 예정된 계획에 따라 실시 할 수 있다.

(2) 직장 외 교육(Off JT)의 사례

1) 수자원공사 직장 외 교육(Off JT)

수자원공사에서는 직장 내 연수원을 두고 연수원장을 수장으로 3팀, 40여 명의 스텝으로 직장 외 교육(Off JT)을 실시하고 있다.

수자원공사의 연수원에서는 교수실을 별도로 두고 직원 대상의 직무교육과 사내외의 기술적 문제해결을 지원하는 역할도 수행하고 있다. 수자원공사의 교육체계를 살펴보면 집합교육, 수탁교육, 사이버 교육 등으로 각각 구분하여 별도의 교육체계를 수립운영하고 있다.

특히 연수원에서 실시하는 직장 외 교육(Off JT)으로서 집합교육은 기본교육으로서 필수과정, 선택과정 등이 개설되어 있고, 직무교육으로서 6개 세부분야가 있으며, 특별교육으로서 의식혁신, 경영혁신, 특별교육 등으로 구성되어 있다.

또한 위탁교육은 단기위탁교육, 장기위탁교육 등을 개설하여 직원들을 상시적으로 교육시키고 있다. 상술하자면, 직원 교육체계 중 기본교육은 그 목표를 행동의 주체자로서 지녀야 할 안목과 능력을 갖추는데 두고 있다. 그리고 운영상에 있어서는 필수교육과 경영 관리 기술과 관련된 교과목 중심의 선택교육으로 구분하여 운영함과 동시에 필수교육의 경우 선임자 교육과 계층별 향상과정으로 다시 나누어 체계적으로 실천하고 있다.

또한 교육학점제를 운영하여 필수교육은 취득 학점에 관계없이 대상자 전원이 의무적으로 이수하도록 했으며, 선택교육의 경우는 3일 이상은 2학점, 2일 교육은 1학점을 취득할 수 있도록 제도화하였다.

2) GE 직장 외 교육(Off JT) 사례

GE에서는 1950년에 뉴욕에 연수원을 짓고 직장 외 교육(Off JT)을 실시하고 있다. 강의장은 교육형태 및 방법에 맞게 계단 강의실, 토의실, 워크숍 용도의 평면 강의실로 구성되어 있다.

이 연수원은 교육훈련의 장으로 뿐만 아니라 회사의 경영전략을 논의하는 장으로서도 활용되고 있다. GE의 연수원은 경쟁력 강화를 위한 조직학습의 생성, 전파기능을 연수원의 사명으로 설정한 후 전문성과 우수성을 갖춘 리더를 양성함을 그 교육 목표로 하고 있다.

교육체계는 4단계 리더십 개발순서에 따라 운영하고 있으며 개인별 육성경로에 따라 체계적이고 계획적으로 인재가 육성될 수 있도록 설정되어 있다. 연수원의 조직은 인사부문 총괄 부사장 산하에 편제되어 있으며 총 근무자는 17명이다. 이 외에 관리, 지원 부문 50명은 별도로 계약직 또는 외부 파견업체 인력을 활용되고 있다.

연수원내에는 기능 및 담당 교육내용 영역별로 6개 팀으로 구성되어 있으며 가장 중핵적인 역할을 수행하고 있는 부서는 품질 교육 팀으로 이는 GE가 강조하고 있는 6시그마 활동의 견인차 역할을 수행, 지원하기 위한 것이라 볼 수 있다.

이 외에 임원 교육 팀과 리더십 교육 팀이 별도로 구성되어 회사의 핵심인력 육성을 수행하고 있다. 강사운영의 경우 연수원 자체 요원과 사내강사, 사외강사로는 주로 대학교수나 컨설턴트들을 많이 활용하고 있다. 교육체계로는 각 단계별로 기본소양 및 팀워크 배양단계, 고성과 조직의 형성 및 리더단계, 핵심자원 및 시스템에 대한 통합성과 향상단계, 글로벌 비즈니스의 경쟁력 유지 및 리더 단계로 나뉜다.

Different System of

엘미강 헤어 MBO DAILY HAND BOOK

The beginning of most gorgeous women's style from Kang leung

엘미강

Different System of

엘미강 INTRODUCE

The beginning of most gorgeous women's style from Kang leung

본 핸드북은 엘미강 헤어의 중요한 지적 자산으로 외부 유출로 인한 피해가 발생시 해당 살롱 및 당사자에 법적, 행정적 조치를 취할 수 있으므로 유출되지 않도록 각별히 유의해 주시기 바랍니다.

* 살롱명 :
* 수령일시 :
* 수령자 :
* 수령 사유 : 신규, 분실, 추가, 기타(   )

프랜차이즈 본부 강원도 강릉시 교동 / tel :   / fax :   /

쉬어가는 PAGE

▣ ABOUT 엘미강

1. 회사소개

우아하고, 지적인 여성과 남성을 위한 토탈뷰티살롱 엘미강은 차별화되고 품격 있는 고급 이미지를 지향하며, 진취적이고 역동적인 서구적인 이미지와 단아하고 현숙한 동양적 이미지를 풍겨내는 브랜드 컨셉을 지니고 있다.
현재 강릉시 교동 택지 지구(본점, 택지점, 교동점) 3개 직영점을 시작으로 강릉의 주요 상권은 물론, 강원도 주요 핵심 도시까지 직영 및 체인화 살롱을 오픈 할 계획이다.

2. CEO 인사말

사랑, 정직, 신뢰, 가족주의의 바탕위에 친환경적이고, 지역 사회에 공헌하는 건강한 기업 문화를 이루는 엘미강 헤어입니다.
美의 예술적 재해석과 지역사회 봉사가 모토인 엘미강은 고객님의 아름다움과 건강에 관한 새로운 가치 창출을 위해 태어났습니다.
창조, 도전, 열정으로서 아름다움과 건강에 관한 최고의 뷰티 전문 서비스를 통해 건강하고, 행복한 미래를 만들어 갈 것을 약속드립니다.
고객님들의 지속적인 관심과 성원 부탁드립니다.

대표이사 이미정

3. BRAND CONCEPT

① 엘미강 본점 : 노블레스점

우아하고, 지적인 여성과 남성을 위한 토탈뷰티살롱 엘미강 본점은 유럽풍 도시감각의 차별화되고 품격있는 아웃테리어와 친환경 인테리어를 지향하며, 진취적이고 역동적인 서구적인 이미지와 단아하고 현숙한 동양적 이미지를 풍겨내는 브랜드 컨셉을 지니고 있습니다.
친환경 인테리어와 엘미강 고유의 CI와 로고를 사용하는 전용면적 30~50평대 이상의 중, 대형 1층 살롱

② 엘미강 교동점 : 패밀리점

가족단위, 가족중심적인 패밀리형 헤어 살롱으로 외부 친환경 방부목을 사용한 대기공간과 플라워 아트가 접목된 효율성 높은 맞춤형 모듈 살롱으로 팀웍 위주의 직원들의 시술 능력이 뛰어나고 고객과의 소통과 펀 마케팅이 강점인 전용면적 40평대의 1층 살롱

③ 엘미강 택지점 : 스마트점

천고가 높고, 내부 친환경 마감재를 사용한 프리스타일 모던 룩이 가미된 인테리어가 강점인 살롱으로 젊은 연령대의 고객들과 마니아층이 형성된 최신 헤어스타일과 밝은 조도와 색감이 어우러진 캐주얼 스타일의 1층 살롱

4. 엘미강 산학 협력 및 MOU 체결 가족사

① 영동전문대학교 미용예술학과
② 강릉정보공업고등학교
③ 강릉 사임당 로터리 클럽
④ 엔젤리너스 커피 교동점

Different System of

엘미강 MBO 인사 규정

The beginning of most gorgeous women's style from Kang leung

엘미강

1. 총칙

① 본 인사 규정은 엘미강 헤어 직영 및 멤버십 살롱에 근무하는 직원에 한해서 적용한다.

② 본 규정은 MBO(Management By Object)를 통한 살롱의 합리적인 경영과 자발적 참여, 각 직급간의 원활한 의사소통을 통해 업무 효율을 높이는 것을 주된 목적으로 한다.

2. 직급 체계

① 원장(CEO)

② 헤드 그룹

- 경영자문(Salon consultant)
- 이사(Executive officer)
- 본부장(Chief constable)
- 점장(Concierge)
- 매니저 : 살롱 코디네이터(Salon coordinator)

③ 리더 그룹

- Chief Stylist
- Captain Stylist
- Stylist
- Crew

3. 직급별 업무 조건

① 원장(CEO)

- 지분 및 투자금 1억 이상인자
- 미용사 자격증 소지 및 취득 예정자

② 경영자문(Salon consultant)

- 경제 및 경영, 상경계열 학과 석사 이상자
- 뷰티 살롱 컨설팅 3년 이상자

③ 이사(Executive officer)

- 살롱 경력 10년 이상자
- 해당 살롱에서 1년 이상 근무한 자
- 6개월 이상 본사 관리자 교육 및 외부 경영교육을 성실히 수행한 자
- 동종업계 계열 미용학과 전문학사 및 학사 이상자

④ 본부장(Chief constable)

- 살롱 경력 5년 이상자
- 해당 살롱에서 6개월 이상 근무한 자
- 동종업계 계열 미용학과 전문학사 및 학사 이상자

⑤ 점장(Concierge)

- 미용 실무 경력 5년 이상자
- 외부 Off jt 테크닉 이수자
- 동종업계 계열 미용학과 전문학사 및 학사 이상자

⑥ 매니저 : 살롱 코디네이터(Salon coordinator)

- 살롱 실무 경력 1년 이상자
- 동종업계 계열 미용학과 전문학사 및 학사 이상자

4. 직급별 업무

① 이사(Executive officer)

- 살롱의 시스템과 조직도를 잘 이해하고 체계적이고 합리적으로 관리를 해야 할 의무를 가진다.
- 살롱 관리자로서 살롱의 중대한 일을 결정할 때 의사결정권을 가지며, 살롱 관리 업무 전반에 관한 권한을 갖는다.
- 입장 고객에 대한 직원 배치 권한이 있으며, 직원들의 MBO를 평가할 수 있다.
- 직원의 인사, 승급 이외의 살롱 운영을 위한 중요 업무에 대한 발언권을 가지며, 이를 통해 원장 대행으로 집행 할 수 있는 권한이 있다.
- 우선 직무는 직원 관리, 고객관리, 살롱 운영 관리, 문서 관리 등 이다.

② Chief Stylist

- 살롱에서 직원들을 효율적으로 이끌 수 있는 리더의 역할을 수행하며,

팀장의 역할이 주어진다.

- Chief Stylist는 팀장으로 임명시 팀원들의 매출을 관리한다.
- Chief Stylist는 팀장으로 임명시 팀원들의 모든 업무와 교육을 관리한다.

③ Crew

- Crew는 해당 Stylist의 허가 없이 단독 시술을 할 수 없다.
- Crew는 교육 강화를 위해 단독 시술이 없을 시 선임 Stylist의 시술 지원을 통해 시술 능력, 고객 만족을 마스터 한다.
- Crew는 본인의 기술 향상과 고객 만족을 위해 본사 직무 교육 및 외부 교육 등에 적극적으로 참여한다.

쉬어가는 PAGE

Different System of

엘미강 MBO 근무 규정

The beginning of most gorgeous women's style from Kang leung

엘미강

1. 총칙

(1) 본 근무 규정은 엘미강 헤어 직영 및 멤버십 살롱에 근무하는 직원에 한해서 적용한다.

(2) 본 규정은 살롱의 근무 질서와 기강을 확립하고 합리적인 경영과 능률적인 업무 수행을 목적으로 한다.

(3) 근무 규정을 준수하지 않고, 살롱 관리자, 본사 관리자의 업무 지시에 따르지 않을 경우 경고 조치가 취해지며, 이에도 시정이 이루어지지 않을 경우 엘미강 직영 및 멤버십 근무 직원으로서의 복지 혜택을 받을 수 없다.

2. 직원 준수사항

(1) 제1조

엘미강 직영 및 멤버십 살롱에서 근무하는 모든 직원은 살롱의 규정을 준수하고 직원간 긴밀한 유대 관계를 바탕으로 고객에게 최선을 다하는 살롱이 되도록 노력 하여야 한다.

(2) 제2조

엘미강 직영 및 멤버십에서 근무하는 모든 직원은 고객 만족을 위해 항상 최고의 접객 마인드로 고객을 맞이한다.

(3) 제3조

1) 살롱 코디네이터 준수 사항

- 항상 직원에 대해 공정성을 유지한다.
- 항상 업무 및 직원 스케줄을 사전에 준비한다.
- 살롱의 모든 서비스 질 향상에 노력한다.
- 팀장들은 상호 협조를 통해 살롱을 발전시켜 나간다.
- 고객 불만족은 신속하게 처리한다.
- 살롱 발전을 위해 안건을 제안하며, 건의안들을 취합하여 본사나 원장에게 요청한다.
- 항상 직원들에게 모범을 보여야 한다.
- 본사나 원장에게 부여 받은 업무를 100% 완수하기 위해 노력한다.

2) Chief Stylist, Stylist, Crew 준수사항

- 근무 일정은 항상 1주일 전에 보고한다.

- 항상 단정하고 정갈한 용모를 유지한다.
- 고객 시술을 전적으로 담당하며, 고객 만족에 최선을 다한다.
- 살롱의 매출 향상을 위해 노력한다.
- 원장이나 헤드그룹에게 부여받은 업무를 100% 완수하기 위해 노력한다.

(4) 제4조

모든 직원들은 할당된 업무에 최선을 다한다.

(5) 제5조

업무상 문제 발생시 즉시 책임자에게 보고하며, 그에 따른 지시를 받아야 한다.

(6) 제6조

모든 직원은 살롱 관리자의 승인이나 정당한 절차 또는 사유 없이 직무를 이탈하여서는 안 된다.

- 카운터 고객 접객시 Stylist(커트 순번, 화학시술 순번) 2명, Crew 1명은 항시 대기한다.

(7) 제7조

모든 직원은 살롱 관리자의 허가 없이 다른 직무를 겸하거나 영리 사업에 종사 할 수 없다.

(8) 제8조

모든 직원은 살롱 내 모든 물품들을 제자리에 항상 정리 정돈하여 사용한다.

(9) 제9조

모든 직원은 근무 중 개인 스마트폰이나 고객용 PC, 태블릿 사용은 가급적 자제한다.

(10) 제10조

모든 직원은 청소 구역 담당을 맡고, 항상 청결하게 관리한다.

(11) 제11조

살롱은 매 월 2회 정해진 날짜에 맞춰 대청소를 실시한다.

(12) 제12조

모든 직원은 자신의 헤어 시술 시 근무 시간 이외에 시술하며 살롱에서 정한 금액을 지불한다.(커트 제외, 화학 시술시 재료비 급여 공제)

- 직원의 직계 가족은 50%의 할인율을 적용하되, 모든 시술은 시술 메뉴판 기준에 따라 시술 제품에 따른 시술가로 적용한다.

(13) 제13조

모든 직원은 고객이 있을 경우 직원간의 잡담은 삼가며, 직원끼리 한 곳에 모여 있지 않는다.

- 식사는 업무의 공백이 없도록 교대로 식사한다.(특히, Crew 2인 이상 식사 불가)
- 직원 휴게실은 3인 이상 착석 불가
- 흡연은 지정된 곳에서 1명만 가능하다.(2인 이상 흡연 불가)
- Stylist는 순번대기, 시술 중이거나 고객 접객 중일 경우에는 절대 흡연하지 않는다.
- 흡연자는 흡연 후 사후 관리를 철저히 해야 한다.(양치 및 향수 도포 필수)
- 흡연 장소는 매일 청결 상태를 최상으로 유지한다.

(14) 제14조

모든 직원은 주머니에 손을 넣거나 뒷짐을 지는 행위, 팔짱을 끼고 있는 행위를 삼간다.

(15) 제15조

모든 직원은 살롱에서 일어나는 각종 회의와 행사에 참석해야 할 의무가 있으며, 회의에서 결정된 사항이나 각종 행사에 주어진 역할을 성실히 이행해야 할 의무가 있다.

(16) 제16조

모든 직원은 살롱에서 일어나는 회식은 업무의 연장선이므로 특별한 사유 없이 불참하는 것을 원칙적으로 금한다.(단, 살롱이 정하는 공식적인 전체 회식 이외의 모임은 해당 사항 없음)

3. 근무 시간

(17) 제17조(근무시간)

근무 시간은 탄력적 근무 배치 시스템을 적용하며, 팀장 및 매니저의 스케줄 조정에 따른다.

매주 정해진 시간에 따라 근무해야 하며, 특별한 사유가 있을시 근무시간 조정을 점장에게 요청할 수 있다. 이후 점장은 본부장에게 보고한다.

(18) 제18조(근태관리)

근무 시간이라 함은 일을 하기 위해 모든 준비가 완료된 상태를 말하며 헤어, 메이크업, 복장 등을 완전히 갖추고 근무에 임할 수 있어야 한다. (20분전 미리 출근하여 복장 및 헤어, 메이크업 등 손질 완료 한 후 '굿모닝 엘미강'에 참석한다.)

모든 직원은 업무 마무리를 끝낸 후, 살롱 관리자에 보고 및 승인 후 퇴근한다.(단, 관리자 부재시 살롱 내 정해진 퇴근 규칙을 따른다.)

4. 지각, 조퇴, 외출, 결근

(19) 제19조(지각 및 조퇴)

모든 직원이 특별한 사유로 지각 및 조퇴를 하는 경우 사유서를 관리자에게 제출해야 한다. 또한 지각 회수에 따라 아래와 같이 적용 받는다.

- 기준 : 해당 매장에 설치된 지문인식기 기준으로 월 단위로 정산한다. (전 직원 예외사항 없음)

[아 래]

월 지각 회수	적용	추가 적용
1회	경고	- 지각 3회시 1일 결근 처리(급여 공제) + 익월 월차 없음 - 사전 승인 없이 휴무대체 근무 인정 안 함(결근처리) - 지각/결근 1회 이상자는 살롱에서 지원되는 모든 MBO포상 대상에서 제외 됨
2회	2만원차감	
3회	3만원	
4회	4만원	
5회	5만원	

(20) 제20조(외출)

외출 사유서를 작성 관리자 승인 후 가능하다.

긴급한 사유로 외출 시간이 30분 이내 일 경우 살롱 관리자의 사전 승인 하에 외출이 가능하다.

(21) 제21조(결근)

- 모든 직원은 결근하고자 할 경우 최소 1주일 전에 살롱 관리자의 승인을 얻어야 한다.(긴급 또는 불가피한 사유로 사전 승인을 받지 못한

경우에는 필히 사후 승인을 받아야 한다.)

- 부상 및 질병으로 인하여 3일 이상 병가를 낼 경우 휴양 기간이 명시된 담당 의사의 진단서를 첨부하여 살롱 관리자에게 제출 한다.
- 무단결근이란 살롱이 업무에 공백에 대한 준비할 여유를 주지 않고, 결근한 것을 말하며, 출근 시간을 기준으로 4시간 전까지 연락을 취하지 않고, 결근을 하는 경우를 말한다.
- 결근 및 무단결근에 따른 급여의 차감은 업무의 공백으로 인한 살롱의 매출에도 영향을 미치므로 아래와 같이 적용한다.

[아 래]

• 결근

월 결근일	적용	추가 적용
결근 3일 이하	월차 공제	(총 급여/30)*결근회수 ⇒ 차감
결근 4일 이상	월차 공제	(총 급여/30)*근무일수 ⇒ 일급 계산 지급

• 무단결근(월 기준)

무단결근일	적용	추가 적용
무단결근 1일	월차 공제	1일 급여 공제(총 급여/30) + 50,000원
무단결근 2일(합산)	월차 공제	3일 급여 공제(총 급여/30)*3 + 50,000원
무단결근 3일(합산)	월차 공제	6일 급여 공제(총 급여/30)*6 + 50,000원
무단결근 4일 이상	퇴사 조치	{(총 급여/30)*근무일수} – (50,000원*무단결근 회수)

5. 휴일(월차) 및 휴가

(22) 제22조(정기휴일)

- 모든 직원에게 주 1회의 정기휴무가 주어진다.
- 직원 개별 휴일은 매월 탄력적 근무 배치에 따라 달라질 수 있다.

(23) 제23조(월차)

- 월차는 살롱의 상황에 따라 다르며 살롱에서 요구하는 사항을 이행시 월차가 가능하다.(단, 입사 후 3개월 시점부터 적용한다.)
- 월차는 전월 지각, 조퇴, 결근이 없을시 실시할 수 있으며 살롱의 근

무 스케줄상 큰 무리가 없을 경우에는 정기 휴무와 이어서 가능한다.
(모든 월차는 살롱의 스케줄에 우선하여 적용한다.)

(24) 제24조(하계휴가)

– 7월과 8월 사이에 살롱 상황에 맞게 살롱 관리자의 승인 하에 아래와 같이 시행한다.

[아 래]

입사 연차	휴가일
입사 3개월 미만	1일
입사 3개월 이상 ~ 만 1년 미만	2일
입사 만 1년 이상 ~ 만 3년 미만	3일
입사 만 3년 이상	4일

★ 하계 휴가시 본인 휴무는 별도이며, 살롱의 스케줄상 무리가 없을 경우에는 본인 휴무와 연이어서 적용이 가능하다.

★★ 하계휴가가 실시되는 달은 월차를 적용하지 않는다.

★★★ 살롱 상황에 따라 조정 가능

(25) 제25조(경조휴가)

경조 휴가	휴가일
결혼 : 자녀 및 형제자매 회갑, 칠순 : 조부모, 외조부모, 배우자 부모, 부모 사망 : 조부모, 3촌 이내의 혈족	1일
형제자매 사망	3일
본인 결혼 부모, 배우자 부모, 배우자 사망, 자녀 사망	5일

★ 살롱 상황에 따라 조정 가능

6. 퇴사

(26) 제26조

① 모든 직원은 퇴사하고자 할 경우 살롱 관리자에게 1개월 전에 사유서를 제출해야 하며, 살롱 관리자의 승인을 받아 퇴사일이 확정된 날까지 근무한다.

② 무단 퇴사의 경우 무단 퇴사일 부터 1개월간 살롱 손실금액을 보상하여야 한다.

③ 퇴사하는 직원은 사직원 및 대외비 유출 금지 각서를 제출하고 살롱 인수인계 절차에 따라 업무를 인계해야 한다.

④ 퇴사하는 직원은 살롱과 관련된 모든 지적 재산권 및 고객 정보 등 영업 비밀을 제 3자에게 유출 또는 자신의 사익으로 사용해서는 안 된다.

⑤ 퇴사하는 직원은 살롱 관리자의 1년간 반경 1km 이내에 동종업의 취업이나 개업을 해서는 안 된다.

⑥ 만약, 상기 5항을 위반하여 해당 살롱 영업에 손실을 끼쳤을 경우 살롱은 직원에게 민, 형사상 모든 책임을 물을 수 있다.

Different System of

엘미강 MBO 복무 규정

The beginning of most gorgeous women's style from Kang leung

엘미강

1. 총칙

(1) 본 복무규정은 엘미강 헤어 직영 및 멤버십 살롱에 근무하는 직원에 한 해서 적용한다.

(2) 본 규정은 전문적인 살롱의 이미지 및 통일화된 시스템을 적용하기 위한 것을 목적으로 다음과 같이 엘미강 헤어의 복무규정에 따른다.

2. 전 직원 준수사항

(1) 헤어

① 근무 중 전문적인 헤어스타일을 연출하며, 하루 종일 보기 좋게 유지해야 한다.

② 손질을 하지 않거나 스타일링을 하지 않고, 묶는 것을 금한다.

③ 헤어는 컬러나 펌, 트렌드 스타일 등 전문가다운 모습을 연출해야 하며, 버진헤어로 단순한 스타일은 가급적 삼간다.

(2) 외모 관리

① 헤어살롱은 '이미지를 파는 사업'이기 때문에 근무 중에 반드시 화장을 하고 있어야 한다.

② 메이크업은 깔끔하고, 아름답고, 멋스럽게 하도록 한다.

③ 지나치게 화려하고 과도한 메이크업은 하지 않는다.

④ 손톱은 정갈하고 단정하게 하며, 0.5cm이하로 짧게 자르고, 지나치게 화려하지 않게 손질한다.

⑤ 항상 최선의 외모를 유지하도록 힘쓴다.

(3) 복장

① 엘미강의 통일화된 전문 복장을 착용하는 것을 원칙으로 하되, 그렇지 않을 경우 고객에게 신뢰감을 줄 수 있는 복장을 연출한다.

② 복장은 블랙&화이트 배색으로 단정하면서 청결을 유지토록 하며 고객 시술시 산만한 분위기를 연출하지 않도록 전문적인 인상을 주는 formal 한 정장(세미정장 가능)을 착용한다.(티셔츠, 청바지 착용금지)

③ 명찰은 출근과 동시에 착용 후 퇴근시 카운터에 반납한다.

④ 구두 착용을 원칙으로 하며 운동화나 슬리퍼의 착용을 하지 않는다.

쉬어가는 PAGE

⑤ 복장이나 몸에서 악취가 나지 않도록 개인위생에 각별히 신경쓰며, 향수 사용시 불쾌감을 주는 강한 향을 사용하지 않도록 한다.
⑥ 복장은 얼룩이 있거나 고객에게 불쾌감을 주지 않도록 최상의 상태로 청결을 유지한다.
⑦ 여름철에는 가급적 회색 계열의 상의를 피한다.

Different System of

엘미강 MBO MBO 설계

The beginning of most gorgeous women's style from Kang leung

쉬어가는 PAGE

1. SALON MBO 설계를 위한 전략적 단계(PHASE)

(1) SALON MBO도입을 위한 준비

① 사전 면담을 통한 개인별 성향 인지(認知)

도입준비 시기에 근무 중인 전 직원 및 입사 예정인 직원을 대상으로 집중적인 1:1개별 면담을 실시하여 각 개인의 개별적 성향과 장단점, 조직문화 참여 의지, 인내력, 목표의식 등을 심도 있게 평가한다.

<table>
<tr><td rowspan="4">면담주체
-
SALON
경영자</td><td>점장, 실장,
팀장</td><td>관리자로서의
기본마인드</td><td>중간관리자의
역할이해</td><td>SALON
VISION과 견해</td></tr>
<tr><td>MANAGER</td><td>수리적 개념의
이해도</td><td colspan="2">SALON VISION과 견해</td></tr>
<tr><td>디자이너
(STYLIST)</td><td colspan="3" rowspan="2">① 기능(SKILL)의 정도
② 매출 기여도
③ 교육 참여도
④ 기간별 근태내용</td></tr>
<tr><td>스텝
(CREW)</td></tr>
</table>

② 직원 개개인의 목표의식 형성 여부 파악에 따른 FILTERING

- 개인적으로 자신의 현재일이나 미래계획에 대한 목표 의식이 뚜렷한가?
- 공동체의 일원으로서 합리적이고 적극적인 사고를 지니고 생활하는가?
- 개인의 목표달성을 위해 평소 어떤 노력을 하고 있는가?
- SALON 내(內)에서 개인주의나 이기주의 성향이 지나치지 않은가?

※ FILTERING을 위한 항목

- 미래에 대한 계획이나 목표가 없음
- 독선적이고 소극적인 사고를 지님
- 개인주의와 이기주의가 팽배함

③ SALON MBO의 기본개념 학습과 이해

복잡하고 포괄적인 MBO의 개념보다는 SALON 내에서 응용 가능하거나 현재 실행 중인 규정들을 알기 쉽도록 ACTION PLAN(행동계획)위주로 재구성한 살롱 MBO의 개념을 설명한다.

※ 각 항목별 업무평가

① 근태	② 교육	③ 직원추천
④ 살롱 관리	⑤ 매출	⑥ 재방문
⑦ 점판	⑧ 클레임	

→ 각 항목마다 배점을 부여하여 포상 또는 PENALTY를 부여한다.
(모든 개인포상은 해당기간 만근 자에게만 해당됨.)

④ SALON의 현주소와 VISION 제시로 구성원과의 공감대 형성
SALON이 처한 현실(매출, 손익, 근태, 교육 등)을 공개하고 목표 공유에 의한 성과 배분과 인사 고과의 정당성을 표현하여 미래 VISION에 대한 쌍방의 역할분담과 공감대를 형성한다.

MBO 정착에 따른 경영 이익효과

기대		효과	
새로운 가치	색다른 SALON 경영기법에 의한 구성원의 자긍심 고취	긍정적 결과	성과의 합리적 배분과 인사의 공정성에 따른 이직률 감소

SALON 현실 → VISION → 구성원의 위치, 역할, 미래, 공감대 형성 → 참여하는 MBO, 공감하는 MBO, 안정된 자기관리, 자연스러운 접객

⑤ MBO 실무 전개의 단계적 접근 및 역할 배분

• SALON 실정에 맞는 단계적 실행

(a) STEP BY STEP
- SALON內 업무의 순차적 표준화를 통하여 규정화 작업(계수화 가능한 직무 컨텐츠 분류)진행
- 보편화된 규정을 통한 수평적 지휘 감독으로 관리자의 개별적 지시가 불필요
- 역할 체계의 명확성과 종적 연결에서의 횡적 연결로 전환, 그에 따른 변화된 책임과 의무 발생
- MBO 경영의 일관성 유지 및 구성 원간 상호 협조활동 증진(TEAM WORK)부각

(b) 단계적 실행력 향상 TIP
- 계획, 실행, 점검의 습관화, 생활화를 위한 지속적 관심(정기적인 1:1 면담을 통해 실행)
- 일, 주, 월 단위의 계수화된 ACTION PLAN(행동계획) 진도상황을 구성원 전체에게 공개
- 개인별 생활 리듬의 면밀한 관찰과 실적 부진자의 정기적 상담을 통한 잠재적 위험성(RISK)관리 필요

(c) 실행환경의 조성

- MBO 경영자의 강한 실행의지 표현으로 일관성이 있어야 하고 용두사미(龍頭蛇尾)가 되어서는 안 됨.
- 구성원의 업무 평가의 공정성과 객관성 유지를 위해 특정인을 대상으로 예외(例外)나 특별(特別)은 배제.
- 사전협의의 의한 성과에 대한 분배(성과급, 포상) 약속은 철저히 이행하여야 함.

• 효율적이고 합리적인 실행 역할 분

(a) SALON 현실에 맞는 TEAM제 운영을 통한 관리자의 횡적 관리 시스템 구축

- 소속감과 책임감, 공동체 의식의 부여로 SALON구성원 이전에 TEAM의 일원으로서 자기역할 체계를 스스로 정립
- 기존의 수직적이고 종적인 관리가 아닌 수평적이고 횡적인 관리로 팀원 상호 유대감 강화와 목표의식 고취

(b) MBO의 특성상 신입직원 & 하급직원에 대한 동등한 기회부여 가능

- 연공서열을 탈피한 인사제도와 균등한 역할 분담으로 개별적 도전의식 확보(전 구성원이 참여하는 실천적 MBO)
- 사전 평가된 개인별 업무능력을 고려한 현실적인 역할 분담으로 편향되지 않고 합리적이면서 생산적인 공동의 VISION 제시

2. SALON에서의 실전 MBO

(1) 디자이너(STYLIST) 능력 평가 MBO 항목 세분화

① 디자이너(STYLIST) 능력 평가 MBO

매출(SALES)	• 월간 개인목표 평가 • 월간 TEAM목표 평가 • 월간 SALON목표 평가 • 주간 CONTEST(TEAM 평가)
재방문 (RETURN VISIT)	• 커트 재방율 평가 • 화학 시술 재방율 평가 • 재방문 건당 매출 우대급여지급 예) 3개월간 신규 재방 매출의 10% 우대 급여 지급
추천 (RECOMMENDATION)	• 추천고객 방문율 평가 • 소개쿠폰 회수율 평가
점판 (RETAIL)	• 월간 개인목표 평가 • 월간 개인매출 대비 점판비율 평가 예) 5% 달성시 INCENTIVE 1% 추가지급 • 월간 TEAM목표 평가
클레임 (CLAIM)	• 클레임 발생 건수 CHECK • 최소/포상, 최다/PENALTY • 클레임 보고서
쿠폰, 티켓 (COUPON, TICKET)	• 쿠폰, 티켓 매출별도 평가 • 월간, 연간 평가/성과급, 포상

• 객관적이고 달성 가능한 MBO 목표
- 디자이너 개별의 항목별 실적 데이터 분석 후 결정
- 최근 3대월간의 매출 DATA 분석 후 10% ~ 15% 범위에서 적용

② 직원 직무(근무)평가 MBO항목 세분화

근태 (CONDUCT)	• 관리자를 포함한 전 직원 평가대상 • 월 만근 직원 평가(지각, 조퇴, 결근)/병가, 경조사 제외 • 3개월간/6개월간/연간 연속 만근 • 근태규정 위반 시 MBO평가 감점 외(外) 급여공제

쉬어가는 PAGE

교육 (EDUCATION)	• 기간별 전 직원 개인별 교육 참가 횟수 평가 (내부, 외부교육, 세미나, 헤어쇼 포함) • STYLIST/CREW 3개월간 외부교육 참가횟수 평가 (세미나, 헤어쇼, 기타 커뮤니티활동 포함)
SALON 관리	• SALON 담당구역 & 기구 청결 관리 우수 직원 평가 • 개인위생(복장, 두발, 용구) 청결 관리 직원 평가 • 대표, 관리자 전원의 체크리스트 채점으로 공정성 유지
제안 (SUGGESTION)	• SALON 운영 관련 우수제안 직원 평가/소통의 함 운영 • 의무적 제안활동을 위한 무 제안 직원 Penalty제도 • 일정기간 제안서 취합 검토 후 결정 안 실행공고 • 실행 결과에 대한 명확한 FEED BACK

3. 매출 증대와 성과배분의 관계 DIAGRAM

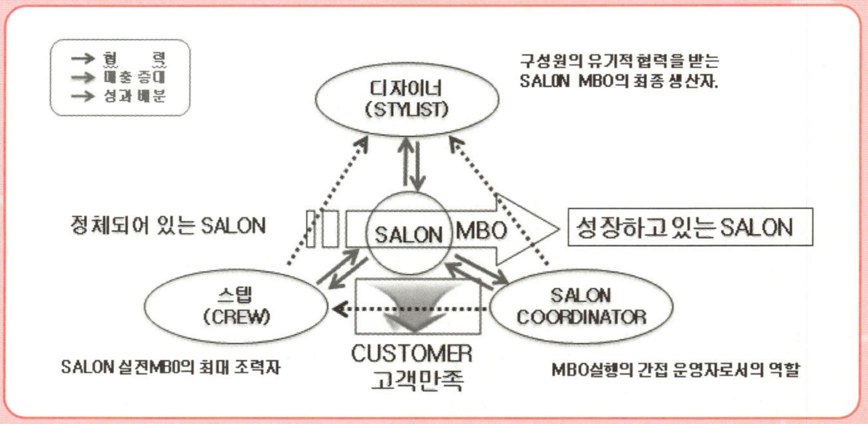

서 약 서

1. 본 엘미강 헤어 MBO DAILY HAND BOOK 엘미강의 중요한 지적 자산임을 인지한다.

2. 본 규정집은 엘미강 헤어 직영 및 멤버십 가맹점의 운용 이외의 목적으로 절대 사용하지 아니한다.

3. 본 규정집의 외부 유출로 인해 엘미강 헤어 직영 및 멤버십 가맹점들에 손해를 끼쳤을 경우 본사가 정하는 법적 및 행정적 절차를 따른다.

4. 본 규정집은 가맹점 모두에게 1회 제공되며, 가맹 계약이 해지되면 본사에 다시 제출한다.(단, 추가 주문 요청시 본사에 3만원을 납부하도록 한다.)

5. 본 규정집은 본사에서 제공하는 것 외에 무단 전재 및 복사를 금하며 분실시 본사의 승인을 받고 일정금액(3만원)을 납부하여 재발급 받을 수 있다.

6. 본 규정집을 살롱에서 적용시킬 경우 모든 직원에게 반드시 숙지하도록 하여 엘미강 헤어 직영 및 멤버십 살롱에서 근무하는 직원의 기본 자질을 갖추게 하는데 최선을 다한다.

위 사항을 충분히 인지하고 지키도록 하며, 위반시 본사에서 진행하는 행정적 절차에 따를 것을 서약합니다.

년 월 일

매장명 :

서약자 : (서명)

엘미강 MBO DAILY CHECK LIST

년 월 주차 / 주 목표 : 원 / 월 목표 : 원										
구분		항목	( )월	( )화	( )수	( )목	( )금	( )토	( )일	계
매출	커트									
	펌									
	염색									
	점판									
	기타									
	두피									
	선불권									
재방	커트									
	화학									
계										
근태	지각									
	결근									
클레임	건수									
교육	참석									
추천	건수									
계										

7

프랜차이즈 경영 정보 시스템

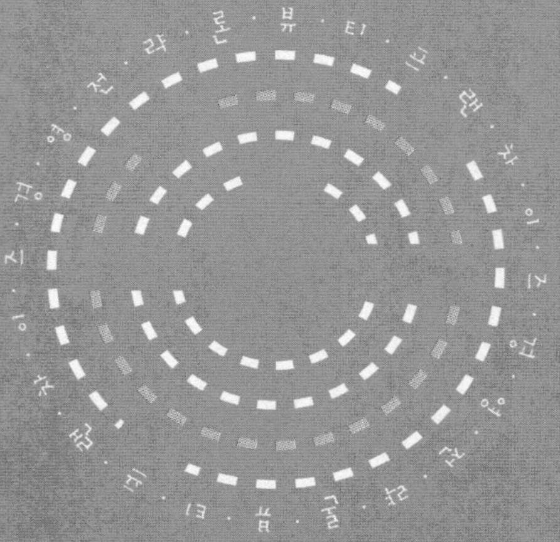
뷰 · 티 · 브 · 랜 · 차 · 이 · 즈 · 경 · 영 · 전 · 략 · 론 · 뷰 · 티 · 브 · 랜 · 차 · 이 · 즈 · 경 · 영 · 전 · 략 · 론

1. 경영정보 시스템의 정의

경영정보 시스템이란 관리자들에게 정보를 제공하며, 조직 내의 운용과 경영 및 관리자의 의사결정기능을 지원하는 종합적인 사용자-기계 시스템(man-machine system)으로 정의된다.

경영정보 시스템은 컴퓨터의 하드웨어, 소프트웨어, 수작업 절차, 분석 및 계획모형, 통제와 의사결정 및 데이터베이스, 모델, 정보통신 등을 활용함으로써 그 기능을 수행한다.

(1) 경영정보 시스템의 세분화

① 사용자-기계 시스템(man-machine system)
경영정보 시스템은 컴퓨터 등의 정보기술만을 의미하는 것이 아니라 인적자원도 포함하는 개념으로 특정 과업은 인간에 의해서 다른 과업은 컴퓨터에 의해 수행되며, 특히 이들을 결합하여 운용하는데 그 특징이 있다.

② 정보이용에 관한 성과적 측면에서 뿐만 아니라 자원의 낭비를 방지하기 위한 종합적인 정보시스템계획을 중심으로 한 종합시스템의 성격을 갖는다.

③ 위에서 언급한 경영정보시스템이 종합시스템으로서의 역할을 수행하기 위해서는 자료의 종합 관리 및 처리를 가능케 하는 데이터베이스가 요구된다.

④ 경영정보 시스템은 데이터베이스의 자료를 기초로 하여 경영의사결정모형을 이용하여 의사결정업무를 수행하며, 경영자에게 대체 안을 제시한다.

⑤ 경영정보 시스템은 포괄적 의미에서 조직의 기능과 경영 과정을 광범위하게 지원하는 것으로서 자료처리 시스템을 포함한다.

(2) 경영정보 시스템의 구조

1) MIS의 기능구조

MIS는 그 중요 기능에 따라 거래처리, 정보처리, 의사결정지원, 프로그램화 의사결정, 그리고 의사소통 기능으로 나눌 수 있다.

① **거래처리 시스템**

거래처리 시스템은 컴퓨터를 이용한 사무 업무나 운용적 업무의 신속 정확한 처리를 위한 시스템으로써 그 주요 기능은 거래처리, 마스터 파일의 보전, 보고서 출력, 데이터베이스에의 자료 제공과 검색 등이다.

② **정보처리 시스템**

이는 데이터베이스 시스템이라고도 일컬어지며 의사결정에 필요한 정보를 제공하는 시스템이다.

③ **프로그램화 의사결정 시스템**

구조적 의사결정을 위한 시스템으로써 주로 시스템에 의해서 의사결정이 자동적으로 이루어지게 한다. 이러한 시스템은 의사 결정절차가 구조적이며 업무처리절차가 정의된 업무에 적용된다.

④ **의사결정지원 시스템**

프로그램화할 수 없는 비정형적, 비구조적 의사결정을 위한 다양한 지원을 하는 시스템이다.

⑤ **의사소통 시스템**

개인용 컴퓨터, 터미널, 팩시밀리, 워드 프로세서, 컴퓨터 네트워크와 통신장치를 이용하여 환경과 시스템간의 의사소통 또는 정보전달 기능을 담당한다.

2) 기술 자원에 의한 MIS 구조

① **하드웨어**

컴퓨터, 자료준비장치, 입출력장치 등으로 구성된다.

② **소프트웨어**

운영 시스템과 데이터베이스 관리 시스템 등 시스템 소프트웨어와 의사결정을 위한 사용자중심의 프로그램인 응용소프트웨어로 구성된다.

③ **데이터베이스**

프로그램이나 자료를 이용할 수 있는 자기 테이프, 디스크 팩 등의 저장매체에 의해 파일 창고에 보관되는 데이터 뱅크이다.

④ **절차**

편람이나 사용 지침서 등을 의미한다.

⑤ **시스템 요원**

컴퓨터 오퍼레이터, 시스템분석담당자, 프로그래머, 오퍼레이터 등으로 구성 되어있다.

3) 종합시스템으로서의 MIS구조

이는 모델 베이스 관리 시스템의 관리 하에 있는 공통소프트웨어와 데이터베이스 관리 시스템에 의하여 관리되는 공통 데이터베이스를 주축으로 기능별 하위 시스템의 연합체를 의미한다.

(3) 정보 시스템의 운영 요소

만일 어떤 사람이 프랜차이즈의 정보 시스템을 보여 달라는 요청을 받았다면 그는 아마도 경영정보 시스템의 물리적 요소를 보여주었을 것이다.

이와 같은 물리적 요소가 무엇을 하는지에 대한 질문은 처리기능 혹은 사용자를 위한 출력의 측면에서 답해져야 한다.

1) 물리적 요소

① 하드웨어
② 소프트웨어
③ 데이터베이스
④ 절차
⑤ 운영요원

2) 처리기능

물리적 구성 요소로 정보 시스템을 설명하게 되면 하드웨어의 구성에 대한 설명이 하드웨어가 왜 그런 식으로 구성되어 있는지를 설명하지 못하는 것처럼 시스템이 무엇을 하는지 설명하지 못한다.

정보시스템을 설명하는 또 하나의 방식은 처리기능으로 설명하는 것이며 주요 처리기능은 다음과 같다.

① **거래처리**
거래는 구매, 판매 혹은 제품 생산과 같은 활동이다.

② **마스터 파일의 유지**
많은 처리 활동에는 조직의 실체에 대해 비교적 영구적이고 역사적인 데이터를 저장하는 마스터 파일을 만들고 유지하는 것이 필요하다.

③ **보고서 작성**

보고서는 정보시스템의 주요 산물이다. 계획된 보고서는 정기적으로 작성된다.

정보시스템은 또한 특수한 요청에 대해 신속하게 특수보고서를 만들 수 있다.

④ **조회처리**

정보시스템의 또 다른 출력은 데이터베이스를 사용하여 조회에 응답하는 것이다.

⑤ **상호대화 지원 응용처리**

정보 시스템은 계획수립, 분석, 의사결정시스템을 지원하기 위한 응용을 갖는다.

3) 사용자를 위한 출력

경영정보 시스템 사용자는 입력을 제공하고 출력을 받는다.

따라서 정보시스템에 대한 사용자의 평가는 입력의 용이성에도 다소 의존하나 주로 사용자가 쓸 수 있는 출력의 유용성에 기초한다.

즉 출력은 정보시스템을 설명하는 한 방법이 된다. 출력은 5가지 주요형태로 분류될 수 있다.

① 거래서류 혹은 화면

② 사전 계획된 보고서

③ 사전 계획된 조회 응답

④ 특수 보고서와 조회응답

⑤ 사용자 - 기계 대화의 결과

이와 같이 경영정보 시스템은 조직에서의 업무수행, 관리 및 의사결정 기능을 지원하기 위한 정보를 제공하는 통합된 사용자 - 기계시스템이다.

이러한 경영정보시스템은 경영의 각 계층에서 필요로 하는 정보를 컴퓨터 시스템을 통하여 적절한 시기에 효율적으로 결정에 필요로 하는 정보를 신속하고 정확하게 제공하는 기능을 가지고 있으며 컴퓨터 이용은 보다 많은 정보를 처리하고 관리하게 될 것으로 전망된다.

출처 : http : //mis.kr21.net/

2. MIS(Management Information System : 경영 정보 시스템)의 발전 과정

대부분의 조직은 지금까지 그것이 설령 어떤 공식적인 MIS로 인식되지는 않았다 할지라도 어떤 형태로든 경영정보시스템을 유지해 왔을 것이다.

그러나 과거의 경영정보시스템은 그 설치나 이용에 있어서 극히 비공식적이었다. 그러다가 점차 컴퓨터가 이용되기 시작하면서 다량의 정보가 단시간 내에 처리 요약될 수 있게 되었고, 그에 따라 경영정보 시스템이 공식적으로 설계됨은 물론 하나의 연구 분야로까지 간주되기에 이르렀다.

뒤이어 컴퓨터를 보다 효과적으로 활용하려 한 나머지 정보시스템에 대한 집중적인 연구를 통해 새로운 시스템의 개발 집행에 관심을 갖게 되었으며, 결국 경영정보시스템도 TPS - MIS - DSS - SIS(ES)로 발전하는 과정을 거치게 되었다.

(1) TPS(Transaction Processing System)

기업에서 일상적이 반복적 거래를 손쉽게 기록하고 처리하는 정보 시스템으로 기업 활동의 가장 기본적인 역할을 지원하는 시스템이다.

컴퓨터가 처음으로 도입되었을 때만 하여도 정보시스템은 주로 경리나 청구서 작성과 같은 몇몇 단순하고 반복적인 활동에 관한 자료를 처리하는 데만 이용되었다.

그래서 처음에는 그것을 활용하는데 요하는 전문적 기술 때문에 컴퓨터도 EDPS(Electronic Data Processing System : 전자적 데이터 처리 시스템) 부에 위치해 있는 경우가 많았으나, 자료처리가 보다 신속하고 용이해지면서 다른 활동의 자료나 정보를 관리하는 업무까지도 전산화 되기에 이르렀다.

이들 새로운 과업을 수행하기 위해 TPS부서는 경영자들에게 표준화된 보고서를 제공할 필요성이 발생하게 되었으며, 그것이 계기가 되어 마침내 MIS가 등장하게 되었다.

1) TPS 활용의 장점

① **편리성 증가**

기존 수작업과 비교하여 TPS를 활용하면 각각 사용자의 편리성이 증가된다.

예를 들어 약국에서는 TPS를 활용하여 거래 명세서 자동입력 서비스를 개발하였는데 이는 수기로 입력 없이 자동으로 거래를 입력하고, 배송정보 역시 실시간으로 확인할 수 있다.

② **비용 감소 및 능률 증가**

거래 내역을 전사적으로 관리할 수 있고 그 활용을 통해 능률이 증가하게 된다.

예를 들어 대한항공의 항공예약시스템은 승무원의 스케줄링 중복을 최소화하고, 효율적으로 작성함으로써 간접비용을 줄일 수 있었다.

2) TPS 활용의 단점

① **오작동이나 불능시의 위험성**

TPS를 활용하는 병원이나 은행, 보험회사, 증권회사와 같은 곳에서 오작동이나 불능시에는 예기치 않은 손실이나 인명 피해 등이 발생할 수도 있다.

② 윤리, 법적 문제 발생 가능성

고객이나 직원의 중요 정보가 잘못된 방법으로 사용되거나 도용될 수도 있다.

(2) MIS(Management Information System)

TPS의 성장은 곧 경영자들로 하여금 그들 조직의 정보시스템을 보다 합리적으로 계획하도록 촉구하는 결과를 가져왔으며, 그것은 곧 컴퓨터 기반의 정보시스템(CBIS) 혹은 단순히 새로운 MIS개념을 등장시키는 결과를 가져왔다.

즉 TPS가 단순히 다량의 표준화된 자료를 처리하는 그 이상으로 기능을 확대시키게 되면서 그것은 곧 MIS라는 새로운 명칭을 갖게 되었다는 것이다.

(3) DSS(Decision Support System : 의사결정 시스템)

최근 컴퓨터 하드웨어와 소프트웨어가 고도로 발달함에 따라 TPS와 MIS전문가는 물론이고 경영자들까지도 CBIS의 자료 베이스에 'on-line' 혹은 'real-time'으로 접할 수가 있게 되었다.

즉 마이크로컴퓨터가 보편화되면서 경영자가 스스로의 자료베이스를 만들어 놓은 다음 필요한 정보를 그때그때 조작해냄으로써 구태여 TPS나 MIS부서로부터의 보고를 기다리지 않아도 될 수 있게 되었는데 그러한 정보시스템을 소위 DSS 시스템이라고 부른다.

이는 처음에는 항공기의 예약업무와 같은 분야에만 도입되었으나 요즘에는 은행, 증권회사, 호텔에서는 물론이고 제조회사, 프랜차이즈의 각 활동에도 광범위하게 적용되고 있다.

물론 MIS가 아직도 통상적인 업무의 통제에 필요한 것은 사실이지만, DSS는 특히 구조화된 자료베이스의 이용까지도 가능케 한다는 점에서 한 단계 더 발전된 시스템이라 할 수 있다.

DSS는 일반적으로 준 구조적, 더 나아가 비구조적인 문제를 해결하는데 있어 의사결정자가 자료와 모형을 활용하는 것을 돕는 상호작용적인 컴퓨터 시스템이라 할 수 있다

DSS는 크게 데이터베이스 시스템, 모델베이스 시스템, 사용자 인터페이스, 사용자 등으로 의사결정시스템이 구성된다.

1) 데이터베이스 시스템

데이터베이스 시스템은 의사결정에 필요한 다양한 데이터를 저장하고 있는 데이터베이스와 이를 관리하는 데이터베이스 관리시스템(DBMS : Data Base Management System)으로 구성되어 있다.

의사결정지원 시스템에 있어서 데이터베이스 시스템의 기능은 의사결정에 필요한 데이터를 저장관리하고 이를 제공하는 것이다.

데이터베이스에는 조직의 내부 데이터베이스, 외부 데이터베이스, 그리고 경영관리자의 개인 데이터베이스 등이 포함된다.

2) 모델베이스 시스템

모델베이스 시스템은 의사결정에 필요한 다양한 모델 등을 저장하고 있는 모델베이스와 이들을 관리하는 모델베이스 관리시스템(MBMS : Model Base Management System)으로 구성된다.

특히 모델베이스 시스템은 의사결정에 필요한 모델을 개발하고 수정하고 통제하는 기능을 제공함으로써 의사결정지원에 있어 핵심적인 역할을 수행한다.

3) 사용자 인터페이스

사용자 인터페이스는 데이터의 입력과 출력, 그리고 다양한 분석과정에서 일어나는 사용자와 시스템간의 인터페이스 환경을 제공하는 시스템 모듈을 말한다.

주로 메뉴방식이나 그래픽 처리형식을 이용하여 사용자가 이해하기 쉽고 사용하기 쉬운 대화기능을 제공하기 때문에 대화생성 및 관리 소프트웨어(DGMS : Dialogue Generation and Management Software)라고도 한다.

4) 사용자

의사결정지원 시스템의 사용자는 주로 기업경영의 주요 의사결정을 담당하는 경영 관리자들이다.

이들은 당면한 의사결정에 가장 적절한 모델을 모델베이스로부터 선정하고 필요한 데이터를 데이터베이스로부터 제공받거나 직접 입력한 다음, 대안들을 평가하고 분석하여 최적의 대안을 선택하는 의사결정과정을 수행한다.

(4) ES(Expert System : 전문가 시스템)

ES, 즉 전문가 시스템이란 문제를 진단하고, 그러한 문제를 극복하거나 해결하기 위한 전략을 추천하며, 또 그러한 추천의 타당성을 제시함은 물론 갖가지 경험이나 상황을 "학습"까지 시키는 등 소위 인공지능(AI)을 이용한 "새로운 시대"의 정보시스템을 일컫는다.

물론 오늘날 제5 세대 컴퓨터라고까지 불리고 있는 이러한 시스템이 아직 본격적으로 실용화단계에 와있지는 못하지만 컴퓨터 기술의 발전 속도에 비추어 멀지 않은 장래에 그와 같은 인공두뇌를 이용한 정보시스템이 등장하리라 믿는다.

memo

8

프랜차이즈 회계 관리

뷰티 프랜차이즈 경영전략론

뷰티 프랜차이즈 경영전략론

1. 회계의 기초 개념

(1) 회계의 정의 및 목적

1) 회계의 정의

회계란 거래, 사상을 기록, 분류, 요약하고 그 결과를 해석하는 기술이라고 정의하고 있다. 이러한 정의는 전통적 회계기능의 관점에서 정의한 것으로 회계보고서인 재무제표의 작성과 보고에 관련된 것을 의미하고 있다.

ASOBAT(A Statement Of Basic Accounting Theory : 미국회계학회의 기초적 회계이론에 관한 보고서)는 회계를 경제적 정보를 측정, 전달하는 과정으로서 정보이용자의 경제적 의사결정에 유용한 정보를 제공하는 것으로 정의하고 있다.

이는 정보 지향적 접근법(Information oriented approach)으로 회계에서의 정보의 측정과 정보이용자의 의사결정에 유용한 정보의 제공을 강조한 정의이다.

이와 같이 회계를 경영관리기능의 일부로서 조직의 활동을 측정하고 기록하며, 보고하는 역할을 담당한다. 회계는 경영활동을 계수화 하여 조직의 관리 및 조직에 관한 의사결정에 필요한 재무적 정보를 생산하여 조기의 구성원 및 조직의 이해 관계자에게 제공한다.

2) 회계의 목적

일반적으로 회계의 목적은 정보이용자가 의사결정을 하는데 유용한 정보를 제공한 것이다.

따라서 회계는 한정된 자원의 사용을 위한 의사결정의 자료가 되며, 기업의 인적, 물적 자원의 효과적 지휘와 통제를 위하여 사용된다. 또한 자원 관리의 유지와 보고 그리고 사회적 기능의 통제와 촉진을 수행한다.

(2) 회계의 유용성

1) 재무회계의 기초

회계에 의하며 기업의 자산, 부채, 자본의 증감변화와 수익, 비용의 발생을 기록하여 이해 관계자에게 외부보고(External reporting)를 수행하는 것이다. 이렇게 함으로써 이해관계자는 회계 정보를 이용하여 경제적 의사 결정을 할 수 있게 된다.

경제적 의사결정에 이용되는 예로 투자자는 투자의사결정(주식의 구입, 보유, 매각의사결정), 채권자는 신용의사 결정(신용의 공여, 신용 조건의 결정), 재무 분석가는 기업에 대한 수익성 평가 등 투자자문에 회계정보를 이용할 수 있다.

2) 관리회계의 기초

경영자는 기업목표를 달성하고자 경영계획을 수립하고 경영통제를 수행하여야 하는데, 이를 위하여 회계정보를 이용하는 것이다.

경영자는 회계의 의하여 효과적, 효율적 경영을 추구할 수 있고, 경영자에 대한 업적평가(성과평가)도 가능하게 되는 것이다.

3) 사회적 차원의 유용성

회계는 사회적 차원에서 정부의 경제정책, 규제, 가격결정에 이용되고, 기업 등 경제적 실체의 사회적 역할과 책임을 평가하는 데 이용된다.

(3) 회계의 분류

1) 재무회계(Financial Accounting)

재무회계는 기업의 거래, 사건, 상황 등을 기록, 측정하여 다양한 회계정보를 생산하는 활동이다. 생산된 회계 정보의 이용자로는 경영자, 종업원, 주주, 채권자, 정부기관, 노동조합, 소비자, 일반대중 등 기업과 관련된 모든 이해관계자들을 들 수 있다.

2) 회계감사(Auditing)

회계감사는 회계정보의 적합성과 신뢰성을 독립적으로 검토하는 활동이다. 기업 외부에 있는 공인회계사가 회계감사를 하는 경우에는 회계보고서 작성에 사용된 기초적인 원시자료를 조사하고 회계보고서의 공평성(Fairness)과 신뢰성(Reliability)에 대한 의견을 표명한다.

최근 많은 기업들이 기업내부에 별도의 내부감사인(Internal auditor)을 고용하고 있다. 내부감사인의 주요 책임은 기업의 각 하부조직이 기업의 정책과 절차에 따라서 제대로 일을 하고 있는지를 독립적으로 검토하는 것이다.

내부감사인의 역할은 과거의 절발위주 기능에서 최근 아래와 같은 기능으로 변하고 있다. 즉, 문제점 적발위주에서 벗어나 기업의 중, 장기적인 측면에서 진단위주 기능으로 변하고 있다.

3) 원가회계(Cost Accounting)

원가회계는 원가를 결정하고 관리하는 활동이다. 원가 중에서도 주요관심사는 제조과정에서 발생하는 원가와 최종제품의 원가이다.

구체적으로 원가회계는 실제원가와 예측원가에 관한 정보를 생산하는데 정확한 원가의 계산은 가격 결정 등의 의사결정에 직접적으로 영향을 미치며 각 개발상품의 경제성을 측정하는데 필수적인 요소이다. 이 원가 정보는 현행 업무를 통제하고 미래를 계획하는데 활용된다.

4) 관리회계(Managerial Accounting)

일상적인 운영과 관리, 신제품의 도입, 공장의 폐쇄 그리고 미래의 장기전략 구축 등을 위하여 의사결정에 필요한 정보를 제공한다.

관리회계에서 주로 다루는 의사결정문제는 기업조직의 최고경영자로부터 일반 종업원이 당면하는 모든 문제를 망라하고 있다. 장, 단기계획의 수립, 계획의 수행에 대한 업적측정, 경영활동상의 문제점 등 구체적인 문제에서 관리회계인은 문제해결의 가능한 대안을 모두 조사하고 그 중에서 가장 최선의 대안을 선택하는 일을 한다.

5) 경영분석

기업의 내부, 외부 이해관계자가 경제적 의사 결정에 필요한 정보를 획득할 목적으로 기업과 관련된 자료를 수집, 분석하는 활동을 말한다. 이러한 분석을 통하여 이해관계자들은 현재의 경영 상태를 파악하는 것은 물론이고 미래의 성과까지 예측할 수 있다.

6) 세무회계(Tax Accounting)

세무회계는 세무보고서를 작성하거나 또는 새로운 기업거래와 활동 등의 세무효과를 검토하는 활동을 한다.

7) 회계정보시스템(Accounting Information System)

회계정보시스템은 거래 등 기업의 경제활동에 곤한 회계자료를 체계적으로 축적, 가공하고 전달하기 위한 절차를 설계하고 운영하기 위한 경영정보시스템을 말한다.

회계정보시스템은 전통적이 수작업(Manual system)과 컴퓨터를 이용한 전산화된 시스템(Computerized system)이 있다. 최근 정보기술의 발전에 따라 컴퓨터를 이용한 회계정보시스템이 점차 많이 사용되고 있다.

(4) 회계의 기본 가정

1) 발생주의(Accrual basis)

발생주의란 현금의 수입과 지출이라는 사실에 관계없이 기업의 경제적 활동이 발생하는 시점에 그 활동을 관찰하는 것이다.

발생주의는 현금의 수입과 지출이 수반될 때 기업의 활동을 측정하는 현금주의(Cash basis)와 상대되는 개념이다.

현금의 유출과 관계없이 비용과 수익을 발생시키는 경제적 사건이 발생하였는가 여부를 비용과 수익에 대한 인식(기록, 보고)의 기준으로 하고 있다.

2) 계속기업(Going concern)

계속기업의 전제란 일반적으로 기업실체는 목적과 의무를 이행하기에 충분할 정도로 장기간 존속한다고 가정하는 것이다.

계속기업의 가정은 회계가 회계실체의 자원을 청산가치가 아닌 취득원가로 파악하는 재무보고에 대한 합리적인 근거를 제시할 뿐만 아니라 평가 및 배분과 관련된 개념을 설명하는 기초가 되고 있다.

3) 기업실체(Entity)

특정 기업실체에 관한 회계보고서와 회계기록은 기업실체와 관련을 맺고 있는 사람 또는 집단과 분리하여 기업실체에 기록, 보고해야 한다는 가정이다.

즉, 기업은 그 자체가 인격을 가진 하나의 독립된 실체로서 존재하며, 기업의 소유주나 경영자, 종업원 다른 집단과는 분리된 독립적인 조직이라는 가정이다.

이러한 기업실체의 가정을 채택함으로써 회계 담당자의 관심 영역을 한정하고 재무제표에 포함시킬 대상이나 사건의 수를 한정시킨다.

4) 회계기간

모든 회계정보는 단위 기간을 정하여 보고되어야 한다. 가장 일반적으로 사용되는 회계기간은 1년이다.

한 기업실체의 존속 기간을 일정기간의 인위적 단위로 분할하여 각 기간에 대해 경제적 의사 결정에 유용한 정보를 보고하는 것은 이해관계자들이 경제적 의사결정을 해야 하므로 적시성이 있는 정보를 요구하게 됨을 의미하게 되고 이러한 요구를 충족시키기 위하여 기업실체의 경영성과를 회계 기간에 귀속시켜야 할 필요가 있다.

따라서 기업실체의 존속기간을 일정기간으로 구분하고 각 회계기간에 대한 재무제표를 작성하여 기간별 재무상태, 경영성과 및 재무상태의 변동내역에 대한 정보를 제공한다.

이러한 기간보고를 통하여 회계정보이용자는 그 기간에 관한 정보를 다른 기간의 것과 비교하여 정보에 내포되어 있는 의미를 해석하고 미래를 예측하는데 도움을 받을 수 있는 것이다.

5) 화폐단위

화폐가치가 일정기간 동안 안정적이라는 가정 하에 화폐를 측정단위로 하여 경제적 사전이나 거래를 화폐로 측정한다는 개념이다.

다양한 거래를 기록, 분류, 분석 및 보고하기 위해서 화폐를 재무보고에 있어서 공통분모로 사용하여야 한다. 이러한 가정은 경제적 정보전달과 의사결정에 있어서 계량적 자료가 유용하며, 화폐단위가 자본의 변동과 재화 및 용역의 교환을 표현하는 가장 효과적인 수단이라는 전제가 포함되어 있다.

2. 대차대조표와 손익계산서

(1) 대차대조표(Balance sheet)

대차대조표는 일정시점에 있어서 기업의 재무 상태를 나타내는 표다. 재무 상태란 기업의 재산상태, 즉 자산, 부채, 자본의 상태를 말한다. 대차대조표는 기업의 경제적 자원을 표시하는 것으로서 기업의 경제적 자원(자산), 경제적 의무(부채), 잔여지분(자본)을 표시하는 회계보고서다.

1) 대차대조표의 유용성

① 대차대조표는 기업의 일정시점의 재무상태(Financial position)에 대한 정보제공 즉, 일정시점에서의 자산, 부채, 자본의 금액이 얼마로 결정되는가를 알려준다.

② 기업의 재무구조(Capital structure)의 양호, 취약 여부를 판단하는데 도움이 되는 정보를 제공한다.

③ 유동자산과 유동부채의 분석을 통하여 기업의 단기채무변제능력(Liquidity)과 기업의 채무와 자본에 대한 비율분설을 통하여 기업의 장기적 생존능력(Solvency)을 판단하는데 도움이 되는 정보를 제공하며, 기업의 재력이 어느 정도인가를 판단하는데 도움이 되는 정보를 제공한다. 기업의 재력은 기업규모, 시장점유율, 수익성 등 여러 가지에 의하여 평가할 수 있는데, 특히 자산규모 등 재무상태와 관련된 정보를 제공한다.

재무상태는 자산, 부채, 자본의 3요소로 표시될 수 있다. 따라서, 대차대조표에는 기업의 자산, 부채, 자본이 요약·보고된다.

대차대조표의 기본 형태는 다음과 같이 구성되어 있다.

2) 회계등식(대차대조표 등식)

대차대조표의 구조를 구성 요소인 자산, 부채, 자본(소유자 지분)의 상호관계에 따라 표현한 식을 회계등식 또는 대차대조표 등식이라고 한다.

회계 등식 공식

회계등식 : 자산 = 지분 = 부채 + 자본
자산 = 지분 = 부채 + 자본
= 부채 + (납입자본금 + 유보이익)
= 부채 + 납입자본금 + (수익 − 비용)

대차대조표의 자산측과 지분측은 기업의 동일한 재산을 두 가지 측면에서 바라다 본 것에 불과하기 때문에 대차대조표의 자산총액과 지분총액은 항상 일치한다.

따라서 대차대조표상의 자산에 연결된 항목을 보면 기업이 소유하고 있는 것이 무엇인가를 알 수 있고 부채와 자본에 열거된 항목을 보면 누가 이러한 자산을 제공하였는지 각 집단이 얼마만큼의 자산을 제공하였는지를 알 수 있다.

대차대조표 예시

제 2기 00년 00월 00일 현재
제 1기 00년 00월 00일 현재
○○주식회사

과목	제2(당)기	제1(전)기	과목	제2(당)기	제1(전)기
자 산			부 채		
Ⅰ. 유동자산	×××	×××	Ⅰ. 유동자산	×××	×××
1. 현금 및 현금등가물			1. 매입채무		
2. 단기금융상품			2. 단기차입금		
3. 유가증권			3. 유동성장기부채		
4. 매출채권			4.		
5. 단기대여금					
6. 재고자산			Ⅱ. 고정부채	×××	×××
7.			1. 사채		
			2. 장기차입금		
Ⅱ. 고정자산	×××	×××	3. 장기성매입채무		
(1) 투자자산			4. 퇴직급여충당금		
1. 장기금융상품			5.		
2. 투자유가증권					
3. 장기대여금			부채 총계	×××	×××
4. 장기성매출채권			자 본		
5. 투자부동산			Ⅰ. 자본금	×××	×××
6...........					
			Ⅱ. 자본잉여금		
(2) 유형자산					
1. 토지			Ⅲ. 이익잉여금		
2. 건물			1. 이익준비금		
3. 구축물			2. 기타적립금		
4. 기계장치			3. 이월이익잉여금		
5. 건설중인자산			(당기순이익)		
6.					
			Ⅳ. 자본조정		
(3) 무형자산			바본총계		
자산총계	×××	×××	부채와자본총계	×××	×××

(2) 손익계산서(Income Statement)

손익계산서는 일정기간에 있어서 기업의 경영성과(Results of operations)를 나타내는 표다. 경영성과란 경영성적을 뜻하는 것으로 일정기간 수익산정, 일정기간 비용(원가포함)의 산정, 순이익 결정이라는 세 가지 과정이 포함된 것이다.

1) 손익계산서의 유용성

① 손익계산서는 기업의 일정기간의 영업활동으로 인한 경영성과에 관한 정보를 제공한다. 즉, 일정기간에 대한 수익, 비용, 순이익이 얼마로 결정되는가를 알려준다.

② 기업의 수익성을 평가하는데 도움이 되는 정보를 제공한다. 과거의 수익성뿐만 아니라 미래의 잠재적 수익력을 예측하는데에도 도움이 되는 정보를 제공한다.

③ 기업의 경영계획을 수립하는데 도움이 되는 정보를 제공한다. 즉, 장기 경영계획과 단기 경영계획의 수립에 유용하다.

④ 법인세 등 세금결정을 위한 기초자료가 된다. 법인세 등은 손익계산서에 의해 계산된 당기순이익을 기초로 세무조정을 한 후 세율을 곱하여 결정된다.

기업의 배당정책 수립을 위한 자료가 된다. 이익배당은 손익계산서의 당기순이익과 기업정책에 의하여 결정된다.

⑤ 경영자의 업적평가를 위한 자료가 된다. 경영자가 기업목표를 어느 정도 달성하였으며, 효율적으로 경영하였는지를 평가하는 자료를 제공한다.

2) 손익계산서 공식

일정기간 동안 기업이 영업을 잘했는가, 못했는가 하는 영업성과는 그 기간 동안 발생한 모든 수익을 합한 총수익과 모든 비용을 합한 총비용을 비교해서 차감함으로써 가장 잘 알 수 있다.

이때 차감액을 순이익(마이너스인 경우 순손실)이라고 한다. 이를 공식화하여 보면 다음과 같다

순이익 = 총수익 - 총비용

수익은 자본증가의 원인이고 비용은 자본감소의 원인이므로 수익과 비용의 증감은 자본의 증감과 관련하여 기록해야 한다.

즉, 대차대조표 등식인 자산 = 부채 + 자본에서 자본의 증가를 오른쪽에 기록한 것과 같이 자본의 증가를 초래하는 수익도 오른쪽에 기록하는 것이 체계적인 기록을 위해 타당할 것이다.

회계에서는 이 등식에 근거하여 영업성적을 일정한 형식의 도표로 나타낼 수 있는데 이를 손익계산서라고 하며, 이 등식을 손익 계선서 등식이라고 한다.

손익계산서 예시

제2기 OO년 OO월 OO일부터 OO년 OO월 OO일까지
제1기 OO년 OO월 OO일부터 OO년 OO월 OO일까지
○○주식회사

과목	제2(당)기	제1(전)기
1. 매출액	XXX	XXX
2. 매출원가	XXX	XXX
3. 매출총익	XXX	XXX
4. 판매비와관리비	XXX	XXX
5. 영업이익	XXX	XXX
6. 영업외수익	XXX	XXX
7. 영업외비용	XXX	XXX
8. 경상이익	XXX	XXX
9. 특별이익	XXX	XXX
10. 특별손실	XXX	XXX
11. 법인세비용차감전순이익	XXX	XXX
12. 법인세비용	XXX	XXX
13. 당기순이익	XXX	XXX

9

뷰티 프랜차이즈 비즈니스

1. 서론

많은 미용인들의 꿈 중의 하나가 바로 반듯한 내 미용실을 창업하는 것이 아닐까 생각한다. 하지만, 초보 미용사 시절부터 미용 경영에 관한 공부나 이해가 깊지 않아 창업에 실패하는 경우도 적지 않다.

따라서 최근에는 경기적인 불황과 맞물려 프랜차이즈의 창업에 관한 관심이 높아져 가고 있다. 위기가 기회를 만든다고 실제로 1997년 IMF를 계기로 헤어 미용 프랜차이즈는 가장 높은 호황을 누린 게 사실이고 이때부터 뷰티산업에서의 잠재적 지배력이 향상되어왔다.

미용 프랜차이즈는 쉽게 말해 특정 제품이나 서비스를 일정 기간 동안 특정한 상권에서 고객들에게 본사의 브랜드 제품/서비스를 제공할 수 있는 사업에 대한 권한을 주어 사업을 통해 이익을 추구하는 것을 말한다.

법률적으로 독립된 두 당사자(가맹본부와 가맹사업자)사이의 관계를 기초로 하여 진행되는 마케팅 및 유통 시스템으로 이해하면 된다.

브랜드의 제품(미용 서비스)과 서비스를 제공하게 되면 가맹본부는 자신만의 사업방법과 상품공급, 상표, 특허 등 가맹본부의 관리 하에 다른 사람들이 사용할 수 있도록 하는 법률적인 존재를 말한다.

프랜차이즈 시스템의 특징으로는 본부와 가맹사업자가 서로 협력하는 형태로 계약된 범위 내에서 서로를 통제할 수 있다.

헤어 미용 프랜차이즈는 가맹점에 대해 일정지역 내에서의 독점적 영업권을 가지게 되는 것을 대가로 가맹점으로부터 일정액의 수수료인 로열티를 지불하게 되고, 지속적으로 뷰티 서비스에 대한 상품 구성이나 점포, 광고와 같은 전문적인 경영부분에 있어 본사가 운영하는 직영점과 동일하게 관리하여 경영지도와 함께 영업 운영 지원이나 판매촉진을 담당하게 된다.

2. 뷰티 프랜차이즈의 장점

(1) 창업 과정이 수월하고, 실패 확률이 낮다.

여러 가지 이유가 있겠지만 창업의 주된 실패 요인으로 전문 지식의 부재와 경험부족 등을 꼽을 수 있다.

창업의 준비과정 또한 만만치가 않고, 헤어미용의 경우에는 법적인 절차가 수반되기 때문에 자칫 생각지도 않는 난관에 봉착하기도 한다. 하지만, 프랜차이즈를 선택하게 되면 그 동안 축적된 가맹본사의 노하우를 바탕으로 창업 과정이 수월하고 각종 제휴나 판촉, 마케팅, 고객들의 브랜드 신뢰도 증가 등이 수반되기 때문에 실패할 확률이 상대적으로 낮다.

(2) 대량 구매를 통한 원재료 원가 절감 효과

프랜차이즈를 선택하게 되면 가맹본부의 브랜드 로고가 찍힌 각종 인쇄물이나 제품, CI물 등을 공급받아 사용하게 된다.

대부분 가맹본사는 가맹비나 로열티 외에도 유통 업무를 통해 본사의 수익을 구축하기 때문에 이때 대량 구매를 통해 프랜차이즈 가맹점에서 필요한 공급 물량을 구매하게 된다.

이를 통해 가맹점에서는 상대적으로 낮은 가격으로 필요 제품이나 CI물 등을 구매할 수 있어 원가 절감 효과를 볼 수 있다.

(3) 광고 효과

창업시 프랜차이즈를 고려하는 이유 중에 하나가 바로 광고 효과이다.

물론, 프랜차이즈 가맹본부에서도 다양한 채널이나 매체를 통해 브랜드 광고나 홍보를 하기도 하지만 실제로 고객들의 신뢰도나 예비 창업자들의 마음을 움직이는 건 바로 프랜차이즈 가맹점의 MS(Market Share)이다.

실제로 프랜차이즈 가맹 계약시 가장 많이 묻는 질문이기도 하다.

같은 모양의 상호와 간판, 동일한 컨셉의 아웃테리어, 인테리어는 프랜차이즈의 Standard(표준화) 전략으로 고객의 기억 속에 자리 잡아 브랜드 신뢰도가 상승한다.

따라서 프랜차이즈 가맹본부에서는 경쟁적으로 가맹점 MS를 홍보하기도 한다.

(4) 경영지도와 교육

프랜차이즈 가맹 본부에는 가맹점의 영업과 경영 지도를 지원하는 부서가 있는데 특히 이런 업무를 담당하는 사람을 '슈퍼바이저'라고 한다.

슈퍼바이저는 가맹점 방문을 통해 본사의 경영 성과와 마케팅에 대한 지도는 물론, 프랜차이즈 가맹 본부의 지시나 경영방식에 위배되는 독단적인 영업형태를 감독, 제지하는 역할을 하기도 한다.

또한, 교육은 헤어 미용 프랜차이즈 가맹본부의 핵심으로 오픈교육, 시즌별 트렌드 교육, 직급별 기술 교육, 서비스 교육, 오너 경영교육 등을 담당한다.

3. 뷰티 프랜차이즈의 단점

(1) 본사에서는 가맹점의 수익이나 영업 손실을 보상해주지 않는다.

대부분의 예비 창업자나 프랜차이즈 가맹 사업자의 경우에는 프랜차이즈 본사의 광고나 홍보성의 말만 믿고, 수익이 나지 않는다며 본사에 항의하기도 하고, 때론 분쟁의 소지가 되어 법의 심판을 기다리기도 한다.

프랜차이즈 본사의 신규 가맹 사업자를 모집하기 위한 허위나 과대광고도 문제지만, 가맹 사업자의 수동적 태도에 가장 큰 문제점이 발견된다.

개인 미용업을 하는 오너보다 프랜차이즈 브랜드 미용실을 운영하는 오너는 상대적으로 본사에 의지하는 경우가 많은데 어떤 프랜차이즈 본사도 가맹점의 수익이나 손실 등에 관한 영업 활동을 지원해 주긴 하지만 손실에 대한 보상을 해주는 곳은 아마 단 한 곳도 없을 것이다.

프랜차이즈 브랜드 간판은 고객들의 신뢰를 바탕으로 신규 고객 창출에는 다소 유리하다. 따라서 이를 바탕으로 가맹 사업자는 본사에서 제공하는 상호와 자신만의 경영활동을 적극적으로 펼쳐야만 기대했던 성과와 수익을 창출할 수 있을 것이다.

감나무 밑에서 입만 벌린다고 감이 떨어지는 것은 아니다.

(2) 가맹 사업자 마음대로 가격 할인이나 고객 프로모션을 정할 수 없다.

프랜차이즈의 본질 중에 하나가 바로 표준화(Standard)이다.

다수의 가맹점을 영위하고 있는 본사는 표준화된 매뉴얼과 영업 규제로 뷰티 프랜차이즈의 성격을 고수하는 경우가 많다. 예를 들어 미용의 시술 가격을 통제하는 곳도 있고, 특정 시술 제품만을 유통 시키는 곳도 있다.

또한, 본사와 점주와의 가장 큰 이견은 시술 할인율인데, 특정 지역의 가맹점에서 50% 이상의 할인율을 고객 이벤트로 한다든지 아니면 소셜 커머스를 통해 시술 할인을 파격적으로 낮출 경우 서로 같은 지역의 가맹점에서는 본의 아니게 영업 손실이나 피해가 발생하게 되므로 본사에 바로 항의하여 시정조치를 요구하게 된다.

프랜차이즈의 동일한 컨셉과 간판을 걸었을 때에는 개인 살롱처럼 고객 할인율이나 가격 등을 가맹 사업자의 마음대로 할 수 없고, 이를 잘 준수해야 할 의무가 있다.

따라서 타 가맹점에 직접적인 피해나 자칫 고객의 항의로 이어질 수 있는 단기적인 파격 할인율이 아닌 장기적인 관점에서의 마케팅을 고심해야 한다.

(3) 경업금지

경업금지란? 가맹점사업자가 계약 종료 후 동종 영업을 하는 것을 금지하는 것을 뜻한다.

이는 기업 임원들의 계약서에서 흔히 볼 수 있는 것인데, 프랜차이즈 가맹 계약에서도 거의 빠지지 않고 등장하고 있다.

가맹점 사업자가 경업금지조항에 위반하여 새로운 점포를 오픈한 경우 가맹본사는 경업금지가처분을 통해 영업을 정지시킬 수 있을 뿐 아니라 손해배상까지 청구할 수 있는 등 상당히 강력한 제도라고 할 수 있다.

하지만, 그 전에 이러한 경업금지조항이 법적으로 유효한 것인지를 따져보아야 할 것인데, 사실 이는 법적으로 그리 간단한 문제는 아니다.

판례는, '제반 사정을 종합하여 경업금지약정을 보호할 정도로 가치 있는 가맹본부의 이익이 있는지 여부를 기준으로' 경업금지조항의 유효 여부를 판단하고 있는데 다음과 같은 3가지 요소를 중점적으로 고려하여야 한다.

1) 사업 영위 과정에서 가맹본부의 역할 및 비중

가맹본부는 최소한의 역할만 하는 허울뿐인 본부이고, 실질적으로는 각 가맹점사업자가 주된 역할을 하는 경우가 있을 수 있다. 이 경우에는 가맹점사업자가 가맹계약 종료 후 동종영업을 실행하더라도 가맹본부에 특별한 피해가 있다고 볼 수 없을 것이다. 이렇게 자신에게 피해가 없음에도 이를 방지하기 위해 경업금지조항을 둔다면 이는 무효가 될 가능성이 높게 된다.

2) 영업비밀의 유출 위험

프랜차이즈에 있어서 가맹점사업자는 다방면에서 가맹본부의 제재를 받게 되는데, 이는 가맹본부의 소중한 영업 비밀을 빌려 쓰기 때문에 정당화되는 것이다.

가맹본부는 가맹계약의 종료 후에도 이러한 영업 비밀을 보호할 필요성이 있을 것이고, 경업금지조항을 통해 당해 목표를 달성할 수 있다면 법원은 이를 무효로 보지 않을 것이다.

즉, 영업비밀이 프랜차이즈에서 차지하는 비중이 높을수록, 가맹점사업자가 영업비밀 중 대부분을 취득하였을수록, 이러한 영업비밀이 쉽게 유출될 수 있는 것일수록 경업금지조항이 유효할 가능성도 높다고 생각할 수 있다.

3) 기존 상권의 유용 가능성

가맹점사업자가 가맹계약 종료 후 같은 자리에서 동종영업을 개시한 경우를 가정해 보자. 설사 간판과 상호는 바뀌었을지라도 기존 고객들은 새로운 가게 역시 기존 가게와 비슷한 수준의 맛과 서비스를 기대하고 계속 방문할 가능성이 높을 것이다.

이는 해당 프랜차이즈가 개척한 기존 상권을 유용하는 것이므로, 경업금지약정을 통해 보호할 필요성이 있어 그 유효성이 인정되는 것이다.

이상 몇 가지를 살펴보았지만, 경업금지약정의 유무효 여부는 '제반사정을 종합하여' 판단하여야 하는 것이므로 모든 사정들이 고려되어야 한다.

경업금지약정은 보통 기간을 정하기 마련인데, 극단적으로 수십 년 동안 동종업종 종사를 금지하는 것은 가맹사업자에게 지나치게 불리한 것이므로 무효가 된다.

일반적으로 1~3년 정도의 경업금지는 유효한데, 구체적으로 어느 정도의 기간까지 가능한지는 역시 제반사정을 종합하여 결정되게 된다.

4. 뷰티 프랜차이즈 창업시 주의 사항

(1) 브랜드 경쟁력

창업에 있어 아이템이 중요하다면 아이템이 결정된 프랜차이즈 선택의 핵심 고려 사항이 바로 브랜드 경쟁력이다.

브랜드의 경쟁력으로 대부분의 예비 창업자는 가맹점수를 물어보는 경우가 많은데 아마도 브랜드 인지도나 대중성을 알아보려는 의도인 것 같다. 하지만, 가맹점수와 함께 브랜드의 컨셉, 차별성, 메뉴 구성 등 고객의 신뢰도가 높은 브랜드인지 다방면에서 꼼꼼하게 따져봐야 한다.

또한, 가맹거래법상 정보 공개서를 제공받거나 인터넷으로도 열람가능하기 때문에 프랜차이즈 창업 전에는 반드시 눈을 크게 뜨고 살펴야 성공 확률을 높일 수 있다.

(2) 과대광고

프랜차이즈 창업시 단순히 신문이나 각종 매체를 통해 노출된 광고를 보고 창업한다는 것은 굉장히 위험한 발상이다.

앞서도 말했지만 프랜차이즈의 창업은 창업 과정에 있어서 본사의 지원 아래 보다 쉽고, 그동안 닦아놓은 브랜드 인지도를 통해 다소 유리하게 시작한다는 것이지 반드시 성공을 보장한다는 것은 아니다.

따라서 '매출 200% 신장, 고소득 보장'이란 유혹에 의연하게 대처해야 하고, 오히려 의심해 볼 필요가 있는 것이다. 물론, 다 그런 것은 아니지만 만약 그런 광고를 본 적이 있다면 그 회사의 연혁을 살펴보는 것이 좋다.

아마도 그리 오래된 회사는 아닐 것이다.

(3) 사후 관리 시스템

계약 전에는 본사에서 연락도 자주해오고 관심도 많다. '계약 후 오픈 교육이나 그랜드 오픈까지는 그래도 이것저것 챙겨주고 신경도 잘 써주지만 딱 거기까지였다'라는 기존 가맹 사업자들의 볼멘소리가 많다.

프랜차이즈 본사가 창업 초기에만 경영방식, 운영 노하우 등을 알려주고 끝이라면 트렌드의 변화나 고객 니즈(Needs)가 빠른 미용 산업에서는 시장 흐름을 따라가기가 버겁다.

오픈 이후 체계적인 기술 교육으로 미용사의 교육 프로그램은 있는지, 슈퍼바이저의 방문은 정기적으로 이루어지고 있는지 반드시 확인해야 한다.

(4) 월정 지급액(Royalty)

프랜차이즈 계약시에 발생되는 비용은 크게 가맹비(소멸성)와 보증금(비소멸성) 그리고 정기 월정 지급액으로 나뉜다.

가맹비는 소멸성으로 프랜차이즈 계약시 1번 납입하게 되고, 보증금은 프랜차이즈 계약 해지시 가맹 사업자가 돌려받을 돈이니 크게 문제가 되지 않는다.

하지만, 월정 지급액은 다시 한 번 꼼꼼히 체크하여야 한다. 계약서상에 명시되어 있지만 계약 전에는 서로 좋은 마음으로 시작되는 경우가 많아 다소 곤란한 질문은 하지 않게 된다. 갱신 계약시 물가 상승률을 반영해 로열티를 올리는 본사도 있고, 5년 단위로 인상되는 경우도 많기 때문에 반드시 계약서에 서명하기 전 한번 더 따지고 챙겨야 되는 중요한 사항이다.

5. 프랜차이즈 가맹계약서 "이런 약관 문제 있다."

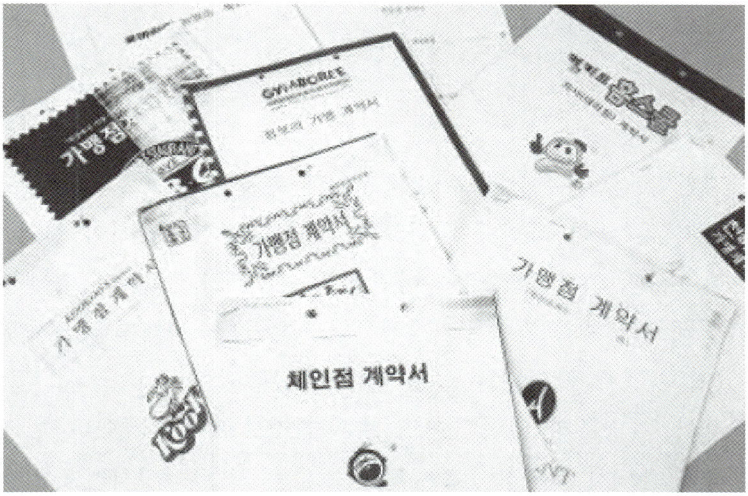

(1) "가맹비는 절대로 돌려주지 않는다."

직장에서 퇴직한 박기향 씨(가명)는 세탁체인 점을 운영하기 위해 가맹비를 본부에 납입했다. 얼마 후 세탁 체인점이 적성에도 맞지 않고 운영하는 데 자신이 없어 해약을 했으나 가맹비를 돌려받지 못했다.

가맹비란? 가맹본부로부터 각종 지원을 받는 대신 가맹주가 가맹료, 프랜차이즈대금, 개설료 등 의 명목으로 지급하는 것을 말하며 일반적으로 계약이 끝날 경우 반환되지 않는 비용으로 간주되고 있다.

그러나 가맹비 반환 불가를 약관에 명시하여 무조건 가맹비를 돌려주지 않는 것은 가맹주에게 일방적으로 불리한 것이다. 예컨대 가맹본부가 약정한 각종 영업 지원을 제대로 하지 않거나, 상품 또는 원재료의 조달이 원활치 못하거나, 지나치게 고가여서 가맹주가 거래를 유지하기 곤란한 경우에도 가맹비를 반환하지 않는 것은 매우 부당하다고 할 수 있다.

따라서, 귀책사유로 가맹주가 해약하게 될 경우에는 가맹비를 반환하도록 '가맹비 반환 불가' 약관 조항을 개선할 필요가 있다.

(2) "영업권은 양도할 수 없다."

가맹점의 영업권은 가맹주의 재산권에 속하는 것으로 계약 내용에서 크게 벗어나지 않는 한 타인에게 양도나 전매를 할 수 있어야 한다.

그러나 가맹주가 영업권을 타인에게 양도하고자 할 때 가맹본부가 사전 승인을 하도록 하거나 아예 가맹점주의 영업 양도 자체를 불허하는 약관 조항이 있어 가맹주가 피해를 입는 경우가 있다.

따라서, 가맹주의 영업권 양도는 원칙적으로 허용해야 하며 예외적으로 제한하되 반드시 객관적이고 공정한 기준을 사전에 명시하도록 약관 조항을 개선해야 한다.

또한 영업권 양도를 할 경우 양도 받은 사람이 보증금과 가맹비를 추가 납입토록 하고 있는 약관도 문제다. 이는 가맹본부가 가맹비를 이중으로 받는 것이므로 가맹점 운영의 양도인이나 양도 받는 사람 입장에서는 상당히 부당한 조항이므로 이 같은 약관 조항도 개선되어야 한다.

(3) "해약해도 보증금은 안 돌려줘!"

김영희 씨(가명)는 향수 판매점을 운영하던 중 광고 내용과 다르고 본사의 일방적인 운영이 못마땅해 해약을 하고 보증금을 돌려달라고 요구했으나 약관 조항을 들어 반환해주지 않고 있다.

보증금은 거래 과정에서 발생하는 각종 채권에 대한 확보 수단으로 가맹점주가 가맹본부에 지급하는 돈이다.

따라서, 가맹주가 해약을 하게 될 경우 가맹 본부와 채권·채무 관계가 정산되므로 보증금은 즉시 반환하는 것이 원칙이다.

그러나 계약 후 1년 이내에 해약할 경우 보증금을 돌려주지 않는다는 약관 조항이 있어 가맹주가 막대한 피해를 입을 우려가 있다.

또한 계약이 끝나 가맹주가 가맹본부에 대한 약정 의무를 이행한 경우에는 보증금을 가맹본부가 더 이상 갖고 있을 이유가 없다. 그럼에도 10일~3개월간 보증금의 반환을 지연할 수 있도록 규정하고 있는 것은 가맹본부의 이익만을 고려한 매우 부당한 약관 조항이다.

이처럼 가맹주가 해약할 때 채권·채무 관계가 정산되었음에도 보증금을 반환하지 않는 약관 조항은 가맹주의 피해 예방을 위해 보증금을 반환받을 수 있도록 약관 조항의 개선이 필요하다.

(4) "인테리어 시공은 꼭 지정된 곳에서만 해야 한다."

프랜차이즈업은 점포의 실내외 장식이나 설비를 설치할 때 통일된 이미지를 위해 가맹본부가 제시하는 설비 기준을 따르는 것이 불가피하다.

그런 만큼 가맹본부가 지정한 사양서나 설계, 작업 기준에 따라 인테리어를 한 후 발생하는 하자에 대해서는 마땅히 시공업자에게 책임을 묻도록 해야 한다.

그러나 얼마 전, 외식업 체인점을 계약한 장하일씨(가명)는 점포 인테리어의 하자에 대해 항의를 하자 가맹본부가 물품을 중단한 후 일방적으로 해약 조치를 취해버렸다.

가맹점의 실내외 장식을 가맹본부가 지정한 곳에서만 하게 하는 약관 조항은 가맹점주의 선택권을 부당하게 제한하는 조항이라고 할 수 있다.

따라서, 가맹본부는 점포의 이미지 통일을 위해 필요한 인테리어 사양서와 설계도의 기준만 제시하고 시공업자의 선택은 가맹주가 자유롭게 할 수 있어야 한다.

(5) "재료는 본부가 공급하는 것만 사용해야 한다."

백영훈 씨(가명)는 문구 체인점을 계약했으나 가맹본부가 아동용품이 잘 팔리는 상권 특성은 고려하지 않고 일방적으로 성인용 위주의 문구용품만 공급해 본부에 해약을 요청했다.

가맹본부가 원·부재료의 상품 공급을 독점하는 것은 일정한 범위와 조건내에서는 프랜차이즈업의 한 특성으로 인정될 수 있다. 하지만 가맹사업의 이익만을 위해 가맹주로 하여금 상품을 구입토록 강제하는 것은 가맹점주의 입장에서 보면 수익성 면에서 많은 문제를 일으킬 수 있다.

특히 부재료까지 가맹주의 편의에 따라 구입하지 못하게 하는 것은 매우 부당한 조치다.

일부 가맹점에서는 포장지나 쇼핑백, 포장 끈까지 공급받도록 약 관에 규정하고 있다. 게다가 가맹본부에서 공급하는 물품의 가격이 다른 회사 제품에 비해 지나치게 비싸다거나 상품 공급 자체가 원활하지 못해 다른 제품의 사용이 불가피한 경우까지도 가맹본부의 상품만을 강요하는 것은 너무나 불합리한 조치라고 할 수 있다.

더욱이 가맹주가 이를 위반하고 다른 상품을 사용할 경우에는 물품 공급 중단은 물론 계약 해지와 함께 손해 배상 책임까지 부여하는 곳도 있어 가맹점주에게 심각한 타격을 주고 있다.

이 같은 약관은 프랜차이즈 시스템의 본질을 훼손하지 않거나 가맹본부가 상품 공급을 원활하게 하지 않는 경우 등의 상황을 정해, 가맹점주가 임의로 상품의 원·부재료를 다른 곳에서 조달받을 수 있도록 개선되어야 한다.

(6) "반품하려면 손해를 감수해라!"

상법에 의하면, 가맹점주는 가맹본부에서 공급받은 상품을 받은 즉시 검사하고 하자 또는 수량이 부족할 때는 그 즉시 가맹본부에 알려 반품·교환이나 대금 반환을 받도록 되어 있다.

만일 상품 특성상 즉시 하자를 발견할 수 없을 때는 6개월 이내에 이를 발견하고 완제품으로 교환을 청구할 수 있도록 보장되어 있다.(상법 제69조)

그러나 일부 가맹점의 경우, 가맹본부가 공급한 상품이나 원료의 하자로 인한 반품은 인수 즉시 발견된 상품에 한해서만 허용하고 있어 가맹주의 권리를 제한하고 있다.

따라서 가맹주가 공급받은 상품의 하자를 그 즉시 발견할 수 없는 상황을 감안해서 하자를 발견할 수 있는 일정 기간까지 하자에 대한 이의를 제기할 수 있도록 약관 조항의 개선이 필요하다.

또한 계약 해지에 의해 반품되는 상품의 가격을 출고 가격보다 매우 낮게 책정해 놓는 경우도 있어 가맹점주가 불이익을 받기도 하는데, 이는 계약이 끝나 정상품을 반품하는 것이므로 구입가격 수준에서 반품할 수 있도록 개선되어야 한다.

(7) "영업 지역 독점권을 보장하지 않는다."

김성훈 씨(가명)는 도시락 체인본부와 계약금 1백만 원에 계약을 체결했으나 매장 오픈이 지연되어 확인해본 결과, 같은 지역 상권 내에 이중 계약된 사실을 알고 해약을 요구했다.

떡볶이 체인점을 운영 중인 이상봉 씨(가명)도 매출이 오르지 않아 가맹본부와 협의하여 다른 곳으로 이전하여 개점했으나 200m 거리 내에서 두 곳이 개점, 독점 영업권이 보장되지 않았다.

프랜차이즈업은 그 성격상 가맹본부에 대한 의존도가 상당히 높을 수 밖에 없다. 이 때문에 가맹점의 영업 이익이 일정 수준 이상 유지될 수 있도록 노력하는 것은 가맹본부의 기본 의무에 속하며 이를 위해서는 일정 지역 내에서의 독점 영업권의 보장이 필요하다.

가맹점주에게 해당 지역에서 독점영업권을 주지 않는 약관 조항은 상권이 침해 당할 경우 가맹점주는 영업상 큰 불이익을 받게 되는 것이다.

따라서, 일정 거리 내에서 가맹주의 영업권이 보장될 수 있도록 독점권이 부여되어야 한다.

(8) "가맹본부만 해약권을 행사할 수 있다."

가맹주의 귀책에 의한 가맹본부의 해약권 행사는 약관에 명시하면서, 가맹본부의 귀책에 의한 가맹점주의 해약권을 명시하지 않는 것은 형평성 측면에서 문제가 있는 것이다.

해약은 상대방에게 불이익을 줄 수 있는 것이므로 해약을 주장할 수 있는 권리는 계약 당사자 쌍방에게 부여하는 것이 마땅하다고 볼 때 가맹본부의 계약 불이행에 대한 가맹주의 해약권은 인정돼야 할 것이다.

또한 해약 사유가 발생했을 경우, 최고 절차도 없이 가맹본부의 의사 표시만으로 해약이 성립되도록 규정하는 약관 조항 또한 일정 기간을 두어 해약 처리하도록 해당 약관 조항을 개선해야 한다.

(9) 기타 문제 약관 사례

① 가맹 계약 기간을 5년~10년 단위로 하는 외국과 달리 1년~2년으로 규정하여 가맹점주의 안정적인 영업을 어렵게 하는 약관

② 가맹본부가 지정한 보험사에만 보험을 가입토록 강제하는 약관

③ 가맹 계약과 관련한 분쟁이 발생할 경우 가맹본부의 주소지 소재 법원으로 정해 가맹주에게 불편을 주는 약관

④ 약관 해석을 가맹본부가 정하는 바에 따르도록 규정한 약관 등은 가맹점주에게 매우 심각한 불이익을 주므로 반드시 개선돼야 한다.

6. 미용 프랜차이즈 본사의 일반적 조직 구성

(1) 프랜차이즈 본사 구성원의 업무 분장과 역할

1) CEO

최고, 최종 의사 결정권을 가지며, 보통은 브랜드 창업주가 대부분이나 최근에는 전문 경영인을 영입하는 경우도 있다.

회사의 대내, 외 주요 활동을 하며, 프랜차이즈 본사의 주된 철학과 경영 이념을 세운다.

2) 이사

CEO를 보필하는 총괄이사로 각 부서의 부서장과의 업무 공조, 회의를 통해 프랜차이즈 브랜드 성장을 돕는다.

프랜차이즈의 전반의 사업계획을 작성하고, 신규 영업에 대한 목표와 관리, 유통에 관한 전체적인 목표와 방향성을 수립한다.

3) 부장

각 부의 업무를 대표하며, 효과와 효율성을 높이는 실질적인 정량적 목표치를 달성한다.

부서간의 업무를 공조하며, 주요 사안이나 목표 등을 이사에 보고한다.

4) 팀장

실질적인 프랜차이즈 업무의 핵심으로 부장으로 받은 업무 지시와 목표를 팀원들에게 전달하며, 정량적인 부분과 정성적인 부분의 업무를 달성한다.

주간 업무일지나 월별 목표, 분기별 실적 등을 해당 부서장에게 보고한다.

실질적인 프랜차이즈의 눈과 귀의 역할이 되어 팀원을 통해 가맹점의 크고 작은 일들을 상부부서나 상급자에게 보고한다.

7. 뷰티 프랜차이즈 본사 부서별 역할

(1) 영업부

프랜차이즈 신규 영업 확보, 유망 상권 발굴 등 프랜차이즈 가맹 영업 전반에 관여한다. 정보공개서, 계약서 등의 수정과 보완, 신규 예비 창업자의 상담을 통한 프랜차이즈 신규 개설이 주업무이다.

최근에는 점포를 의뢰해 오는 예비 창업자가 많아 유력, 유망 상권을 수시로 발굴하며, 예비 창업자의 창업을 지원한다.

(2) 관리부

영업부가 공격적인 '창'의 역할이라면, 관리부는 수비 형태의 '방패'에 해당된다.

보통 '가맹점 지원부'로 불리기도 하며, 슈퍼바이저를 통한 가맹점 방문과 가맹점주 상담, 마케팅 기획, 가맹 계약 후 오픈 준비 등 프랜차이즈 전체에서 가장 광범위한 업무를 담당한다.

보통, 일반 기업의 경영전략부서의 업무도 미용 프랜차이즈에서는 관리부에 포함되는 경우가 많은데, 프랜차이즈 본사 사업 전반의 기획과 가맹점의 유지 및 관리가 주업무이다.

미용산업의 특성상 영업부의 막연한 신규 영업보다는 관리부의 직접적이고 체계적인 가맹점 관리를 통한 영업 소개가 많아 관리부의 영향력이 증가하고 있으며, 프랜차이즈 본사 내 가장 많은 인원을 보유하고 있다.

(3) 홍보부

프랜차이즈 고유의 CI와 BI, 로고를 사용한 각종 인쇄물과 홍보 자료를 디자인 및 배포한다.

또한, 최근에는 온라인 홍보가 활성화 되어 홈 페이지를 수정하거나 보완하고, On-off 상의 매체에 홍보성 기사를 게재한다.

작은 규모의 미용 프랜차이즈에서는 관리부서로 통합되기도 하며, 가맹점의 인쇄물 의뢰시 디자인과 제작을 직접적으로 하기도 한다.

미용의 특성상 미용 스타일과 미용 경영에 국한된 언론 매체가 많아 이들과의 유기적 관계를 형성하여 미용 언론사에 회사에 대한 홍보성 기사를 정기적으로 노출시킨다.

(4) 총무부

넓은 범위의 관리부나 가맹점 지원부에 속하나 영업부의 업무를 지원하는 등 말 그대로 제반 회사 전반의 업무에 관여한다.

오픈과 관련된 프랜차이즈 본사의 CI물품의 준비와 재고 관리, 주문, 발주 등의 물류 업무를 제반한다.

(5) 경리부

프랜차이즈 본사의 자금과 입, 출금 업무를 담당하며, 회계업무를 정리하여, 외주 세무사나 회계사에게 본사의 경리업무를 인계한다.

본사 직원의 급여 정산, 인센티브 각종 로열티를 포함한 가맹점의 미수금 등을 수납한다.

최근에는 뷰티 프랜차이즈의 유통 규모가 커짐에 따라 ERP와 같은 정산 프로그램을 가동하여 보다 체계적인 정산업무를 담당한다.

(6) 교육부

뷰티 프랜차이즈의 핵심으로 직무교육, 직급별 직능 교육, 서비스 교육, 마인드 교육, 창업교육, 가맹점주 교육 다양한 교육을 담당하며, 뷰티 프랜차이즈 가맹점에 소속된 직업들의 기술과 서비스 교육을 주로 담당한다.

보통 정기 교육의 편성은 2년으로 최단 시간 헤어디자이너 양성을 목적으로 하는 프로그램과 비정기 교육으로 분기별 트렌드 기술 교육을 실시한다.

10

헤어 미용 프랜차이즈

1. 박승철 헤어스튜디오

(1) 브랜드 스토리

박승철 헤어스튜디오는 1981년 명동 1호점을 시작으로 2014년 현재 약 250개의 국내외 뷰티 살롱을 갖춘 국내 최대 규모의 뷰티 전문기업이다.

(2) 기업철학

1) 브랜드 비전

인간을 아름답게 하는 세계 일류의 뷰티 및 헤어 서비스 창조 기업

2) 브랜드 미션

품격 높고, 전문적인 서비스를 제공함으로써 아름다워지려는 고객의 욕구를 충족시키며, 고객이 행복할 수 있는 가치를 부여함

3) 브랜드 키워드

품격 높은, 우아한, 세련된, 차별화된, 전문적인

4) 브랜드 컨셉

전문가가 제공하는 뷰티, 헤어 서비스를 제공하여 고객의 행복에 기여하는 아름다운 가치 창조

> 미용 종사자와 고객들이 인정하는 대한민국 대표 헤어미용 프랜차이즈로 모던하고 럭셔리한 인테리어가 특징이다.
> 신규 및 기존 고객들 사이에서의 두터운 신뢰도를 바탕으로 전문 헤어디 자이너의 양성과 교육을 진행한다.
> 국내뿐만 아니라 최근에는 해외 체인 사업도 활발히 진행 중이며 인도네 시아를 중심으로 제빵 프랜차이즈로도 영역을 확장하고 있으며, 자체 뷰티 전문 잡지와 트렌드 촬영용 스투디오도 운영하고 있다.

2. 이철 헤어커커

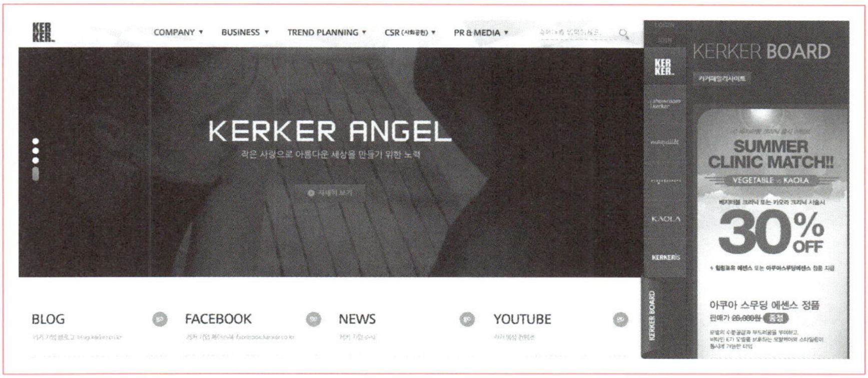

(1) 브랜드 스토리

'사랑과 문화를 나누는 기업'이라는 슬로건 아래 ㈜커커는 세계적인 문화 예술 트렌드에서 시대를 읽고 자연과 예술과 인간으로부터 새로운 창조의 영감을 찾아 아름다움에 대한 가치를 창조하는 기업이다.

고객의 삶에 스타일을 더해 더욱 감각적인 라이프스타일을 제안하기 위해 노력하고 있다.

㈜커커는 미용산업 발전을 위한 목적으로 다양한 연구와 투자를 아끼지 않고 있으며, 이를 통해 미용 업계를 선도해 나가고 있다.

헤어 살롱의 브랜드 프랜차이즈의 본격화를 알린 '이철 헤어커커'의 성공을 발판으로 한층 더 프리미엄 한 서비스를 제공하는 뷰티 살롱 '마끼에'를 새롭게 런칭 하고, 신세계 그룹과 함께 새로운 트렌드를 제시하는 스마트 뷰티존 '두프리'프로젝트를 전개하고 있다.

또한 고객에게 보다 가깝게 다가가기 위해 헤어 제품 사업을 본격화 하여 헤어 케어 시장의 변화를 주도하고 있으며 미용 인재 양성을 위하여 교육기관을 설립, 체계적인 미용 커리큘럼을 통해 매 년 꾸준한 인재발굴에 기여하고 있다.

이 밖에도 다양한 사회공헌을 위하여 외모뿐이 아닌 내면까지 아름다워 질 수 있는 문화 만들기에 앞장서고 있다.

(주)커커는 앞으로도 지속적인 연구와 투자를 통해 고객의 삶이 아름답고 행복해지는데 도움이 될 수 있는 대한민국을 대표하는 뷰티그룹으로 성장해 나가고자한다.

(2) 기업철학

① Creative : 우리는 창의적으로 더욱 발전시킵니다.

② Open mind : 우리는 긍정을 통해 한 방향으로 나아갑니다.

③ Development : 우리는 성장하고자 목표를 초과 달성합니다.

④ Energy : 우리는 열정적으로 그 열정을 전파합니다.

최근 사세확장과 함께 고객 사이에서 신뢰도와 브랜드 인지도가 많이 높아진 헤어 미용 프랜차이즈이다.
차별화된 이벤트를 많이 기획했으며, 특히 사진작가 김중만씨와 연계한 콜라보레이션 헤어쇼는 미용인들 사이에서 숱한 화제와 강력한 인상을 남겼고, 최근에는 '트리코드'를 개강하여 각 분야에 걸친 전문 강사들을 섭외하여 프리미엄 교육을 진행하고 있다.

3. 이가자 헤어비스

(1) 브랜드 스토리

1) 생활 속에 항상 함께하는 이가자 헤어비스

길었던 머리를 소녀 단발로 자르는 순간에도, 취업과 면접을 준비하는 긴장의 시간에도, 소중한 결혼식의 감동의 찰나에도, 아이의 첫 커트를 하는 경이의 순간에도 일상의 감동이 만드는 행복이 있다.

이런 행복한 순간에 이가자 헤어비스는 함께 한다.

2) 사회 공헌에 앞장서며 상생하는 이가자 헤어비스

이가자 헤어비스 중심에는 항상 사람이 있다. 사람을 존중하는 브랜드 이념을 바탕으로 사회의 일원으로 책임을 갖고, 재능 기부에 앞장서 매년 약 4,000여명의 이웃과의 조화로운 사회 발전을 위해 사랑을 나누고 실천하고 있다.

3) 한국을 알리는 뷰티 리더 이가자 헤어비스

글로벌 프랜차이즈 리더로 우뚝 선 이가자 헤어비스는 끊임없는 도전으로 중국, 미국, 호주 등 세계 각지에 한국미용의 차별화된 우수성을 알리고, 긍정적이고 적극적인 한류 이미지를 형성하기 위해 노력한다.

4) 도전하고 새로운 미래를 만드는 이가자 헤어비스

이가자 헤어비스는 긍정적 문화를 만들기 위해 변화하며, 노력하여 최고의 기술, 최선의 서비스, 최신의 스타일로 끊임없는 도전과 혁신으로 새로운 변화로 만들어 갈 것이다.

아직도 현역으로 여전히 끊임없이 건재함을 알리는 여장부 이가자 회장님의 진두지휘하래 최근 빠른 확장세를 보이며, 헤어 미용 메이저 브랜드로 자리메김하고 있다.
뷰티 프랜차이즈 중 가장 먼저 중국에 진출했고, 북경 호텔에서 헤어쇼를 개최하여 현지와 국내에서 큰 호평을 받은 바 있다.
홈페이지의 메인이 트렌드 헤어스타일로 장식될 만큼 디자이너의 기술력 향상과 교육에 관심이 높다.

4. 미창조(주) 리안

(1) 경영철학

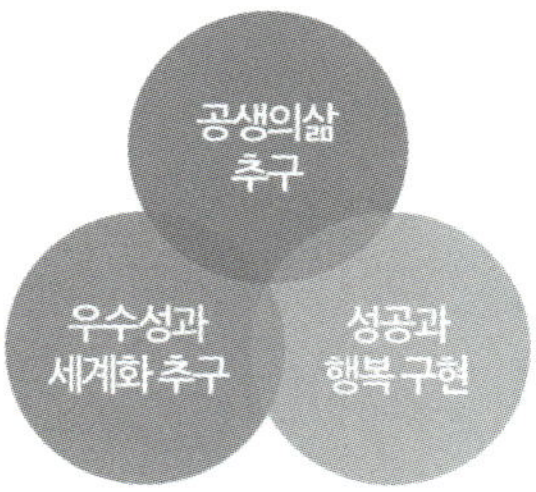

아름다움을 창조하는 미창조(주) 리안은 공생의 삶을 추구하는 미용 기술인, 경영전문가, 자본 등 삼위일체의 조화로 탄생한 헤어네트워크 미용프랜차이즈 기업으로서 인간존중, 정도경영, 순리경영, 공생경영의 정신을 바탕으로 인간의 아름다운 연출과 한국미용 기술의 우수성을 세계에 널리 알리고자 한다.

또한, 리안은 미용에 대한 뛰어난 재능을 갖은 직원들이 각자 즐기며 일하고, 끼를 발산하며 성취의 보람, 대가의 보람을 만끽할 수 있는 국내 최고의 미용기업을 이룩하여 한국 미용산업의 한 차원 높은 성장과 발전으로 글로벌 시대에 한국미용의 세계화를 이룩하는데 중추적인 역할을 펼치겠다.

(2) 브랜드

우아함, 웅장함, 세련미를 현상화한 디자인

RIAHN

variety network hair castle

RIAHN의 의미는 'NETWORK HAIR'를 거꾸로 표기한 글로 좀 더 색다른 편안함을 제공하여 고객 행복을 추구한다는 의미이며, 심벌마크는 그리스 여왕의 왕관에서 느껴지는 우아함과 그리스 신전의 웅장함에 세련미를 가미하여 형상화한 디자인이다.

(3) FAQ

1) 개전 소요기간은 얼마나 걸리나요?

점포 승인 이후 개점시까지 약 30일 정도 소요됩니다.

2) 주 고객층은?

점포 입지에 따라 다소 차이가 발생할 수 있으나, 주 고객층은 20~30대 여성고객입니다.

3) 타인에게 점포 양도는 가능한가요?

가맹 계약서에 준하여 양도, 양수 진행은 사전에 본사와 협의 후 가능하며, 양수자는 새로 신규 가맹계약 절차를 받아야 합니다.

4) 폐점시 회수 가능한 금액은?

가맹에 관련된 회수 비용은 가맹시 지불한 보증금 500만원이 전부이며, 그 외 임대보증금, 기타 권리금입니다.

5) 직원 채용은 본사에서 해주나요?

그렇지 않습니다. 해당 점주가 직접 직원 채용을 하여야 합니다.
본사에서는 오픈 전 자사 홈페이지를 통해 구인홍보를 지원합니다.

6) 인테리어는 개인이 해도 되나요?

매장 도안이 나온 상태라면 본사에 도면을 제출하고, 브랜드 표준 시안에 따라 디자인 컨펌 후 점주가 직접 공사를 진행해도 됩니다.

7) 시설투자 비용은 얼마나?

점포 임차료를 제외한 비용은 인테리어 시공비(평당 150~180만 원), 간판 시공비(400~600만 원 내외), 미용 기자재 및 원재료(2,000~3,000만 원 내외), 기타비품(500~1,000만 원 내외) 등이 있으며, 시설 공사 중 공조(닥트공사), 전기 및 가스 증설 공사, 건물 외부공사는 별도의 비용이 발생합니다.

8) 점포 마진율은 어느 정도?

점포별로 상권에 따라 다르며, 마진율은 매출 전체 평균 25~30% 내외 정도 됩니다.

9) 적절한 점포임대가는?

기준은 없습니다. 상권에 따라서 많은 차이가 발생할 수 있습니다. 점포 선정 후 본사로 상권과 임대가를 알려 주면 본사가 시장조사 후 적정 임대가를 파악하여 그 상권에 맞는 임대가를 통보해 드립니다.

10) 점포 선정 문제는?

점포 선정은 개설 문의자가 직접 물색하는 것을 원칙으로 하며, 일부는 본사가 추천하는 경우도 있습니다. 본사가 추천하는 경우 부동산 시세가 상승하여 점포 임대가 어려워지고 높은 임대료로 인해 영업 손익에 불리한 결과를 가져올 수도 있습니다.

직접 점포를 물색하실 경우 인근에 기존점이 있으면 그 주위를 피하여 검토하시고 점포를 선정하신 후 본사로 시장조사를 의뢰하시면 됩니다.

개설문의자가 의뢰한 위치에 대해 본사에서 승인이 되지 않는다면 임차조건이 양호하거나 자가 건물이라 할지라도 개점할 수 없습니다.

헤어 미용 프랜차이즈에서는 드물게 대표 이름을 상호로 쓰지 않는 곳이며, 주식회사이다. 슈퍼바이저의 체계가 가장 잘 잡힌 프랜차이즈로 월 2회 가맹점 방문을 철칙으로 지킨다.
상대적으로 합리적인 가맹비와 로열티로 국내에만 280여개의 Market share를 보유하고 있다.
앞으로도 성장 가능성이 높은 귀추가 주목되는 헤어미용 전문 프랜차이즈이다.

memo

11

피부 미용 프랜차이즈

1. 세레니끄

(1) 브랜드 스토리

1) 건강하고 젊은 피부에 대한 약속

피부는 수분의 영역, 피지의 영역, 단백질의 영역, 색소의 영역으로 구분되어 있는데 내, 외부의 자극을 받게 되면 다양한 문제가 발생하게 된다.

세레니끄에서는 모든 프로그램에 공통적으로 적용된 퓨어셀 워터와 피부 고민별 트리트먼트 제품을 활용한 피부관리 프로그램으로 피부 고민의 해결점을 제시하며, 피부 전문컨설턴트에 의한 1 : 1 맞춤 상담과 피부 관리프로그램 처방으로 건강하고 젊은 피부로의 개선을 약속한다.

2) 피부 진단에서 사후관리까지 철저한 과학적 시스템

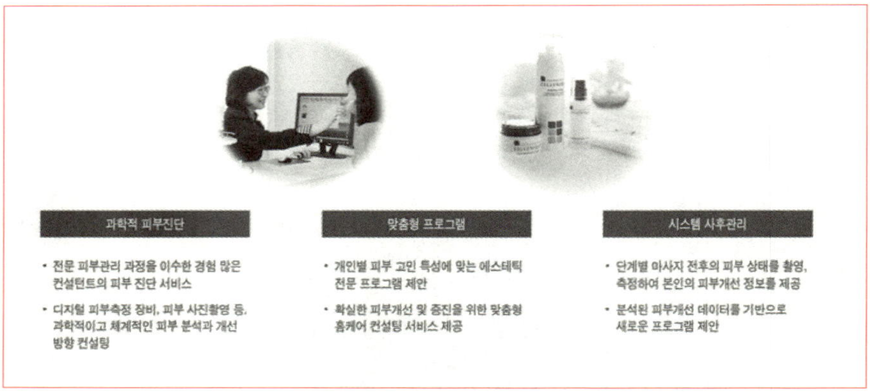

3) 세레니끄 에스테틱의 특징

① **코리아나에서 개발한 믿을 수 있는 제품**

- 코리아나 연구소에서 연구, 개발한 에스테틱 전용 제품 사용
- 피부 고민과 타입에 꼭 맞는 제품으로 시술
- 효능과 효과가 높은 안전한 제품 사용

② **과학적인 시스템을 이용한 맞춤형 프로그램**

- 과학적이고 체계적인 피부 분석과 진단
- 개인별 피부 고민 특성에 맞는 전문 프로그램
- 변화된 피부에 맞춰 새로운 프로그램 제안

③ **수준이 다른 에스테티션의 전문 관리**

- 코리아나 뷰티 인스터튜트의 전문가 교육 과정을 이수한 전문 에스테티션 관리

- 철저한 교육을 통한 표준화된 관리
- 제품, 피부지식, 고객 응대 매너까지 교육 받은 피부 관리 전문가

(2) 가맹 개설 절차

가맹점 상담(인터넷 접수/본사 내방) ⇒ 상권 및 입지 분석(개점 예정지 지역 우선권 부여/점포 개발) ⇒ 매장 견학(본사 직영점, 가맹점 견학) ⇒ 점포 계약(건물 하자 관계 점검/상가 임대 계약 체결) ⇒ 가맹계약(인테리어 도면 작성/개설비용 책정) ⇒ 인테리어 공사(20~25일 기준/인테리어 시공) ⇒ 인허가 서류접수(사업자등록증 신청/카드 단말기 신청) ⇒ 인력수급(피부 관리사 및 매니저/본사 직원 위탁 여부 결정 ⇒ 오픈 교육(원장, 매니저, 관리사 교육/프로그램 이수) ⇒ 오픈 전 마케팅(현수막 개시/주변 오픈 홍보) ⇒ 기자재 설치(오픈 2일전 각종 기자재 점검 및 설치) ⇒ 오픈 현장 지원(2일간 시범 운영 및 시스템 점검/3일간 오픈 후 본사 현장 지원 ⇒ GRAND OPEN

국내 유명 화장품 회사 코리아나의 컨셉 에스테틱 전문 피부 관리실로 전 시술 라인 제품 역시 코리아나 연구진이 자체 개발한 PB제품만을 사용한다. 코리아나의 후광효과일까? 에스테틱 관리실의 후발 주자임에도 최근 발빠른 행보를 보이며, 신규 가맹점이 증가하고 있다.
마사지 샵과 에스테틱 관리실을 일반인들은 잘 구분하지 못하는 경우가 많은데 말 그대로 마사지는 혈행 촉진을 위주로 한 스트레스 해소나 근육 및 긴장 완화에 효과적이라면 에스테틱 관리실은 기능성 라인으로 기미나 여드름, 기타 디톡스나 필링을 전문으로 하는 샵으로 보다 과학적이고, 체계적인 접근이 가능하다.
세레니끄는 외부의 간판 뿐만 아니라 내부 인테리어의 통일성까지 강조하고 있어 표준화된 프랜차이즈로서의 고객 신뢰도와 인지도가 상승하고 있다.

2. 약손명가

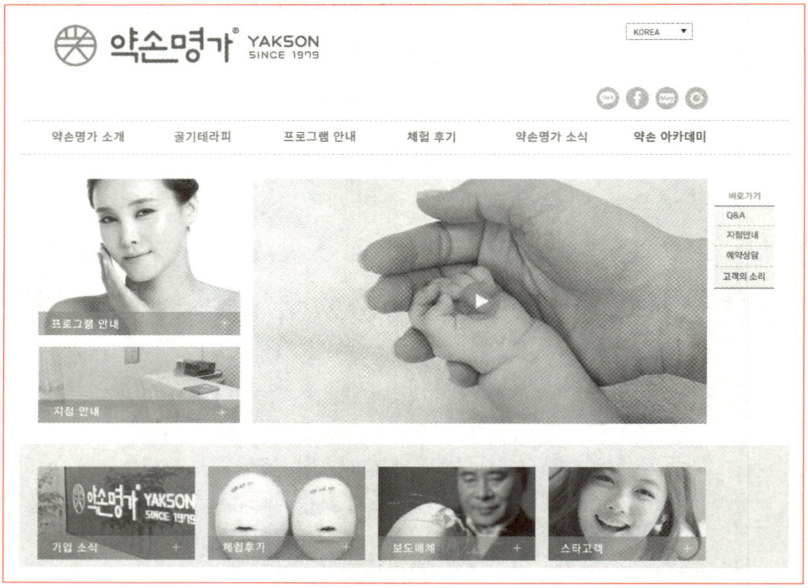

(1) 경영철학

1) 약손 : 마음을 손에 담는다.

참 한결같다. 예나 지금이나 엄마 손은 약손이다. 엄마 손이 약손인 이유는 손은 마음을 전달할 수 있기 때문이다.

당신이 아름다워지며 당신이 건강해지길 바라는 간절한 마음을 손에 담았다.

2) 명가 : 명가에는 장인이 있다.

오래된 역사를 가진 명가에는 장인이 있다. 우리가 명가로 불려지는 이유는 최고에도 만족할 줄 모르는 고집 때문이다.

우리는 그렇게 역사를 만들었다. 이러한 명가에는 '골기테라피' 장인들이 있다.

3) 진심과 정성 : 세상은 진심과 정성으로 움직인다.

깊숙이 들여다보면 알게 된다. 세상은 진심과 정성으로 움직이고 있다. 세상 사람들은 우리를 보고 고지식하다 할지도 모르겠다.

그러나 우리는 이 원칙만이 답인 것을 알고 있다.

진심과 정성만을 고집하는 브랜드 그게 바로 '약손명가'이다.

(2) 골기테라피

골기테라피란 1979년 뼈의 보사원리를 이용해 이병철 회장이 창안한 테라피로 피부 관리를 통해 얼굴과 체형을 건강하고 아름답게 가꾸어주는 약손명가만의 독창적이고 획기적인 신개념의 건강미용 테라피이며, 오래된 역사와 한국의 문화를 담은 K-테라피이다.

1) 뼈의 기능

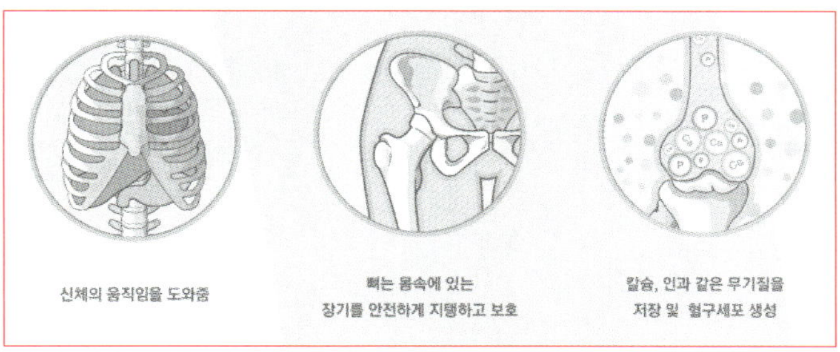

2) 뼈의 성질

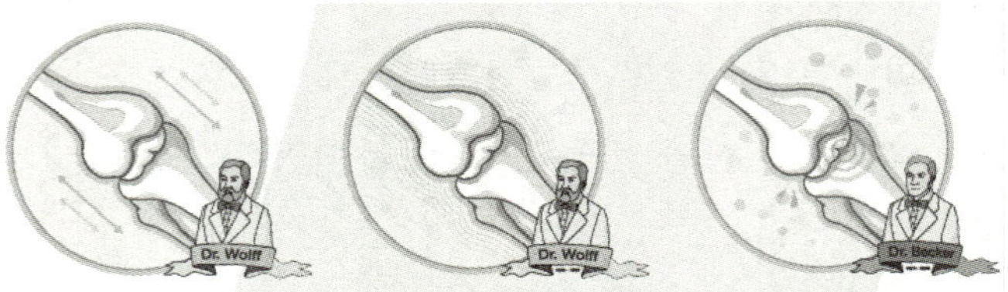

자주쓰는 뼈가 길어지는 성질

외압을 받게되면
뼈가 단단해지는 성질

자극을 통해 혈류량이 증가해
시원함을 느끼는 성질

골기테라피는 주로 근육만을 만지는 다른 마사지들과 달리 자극을 줄수록 건강해지는 뼈의 특성을 이용한 마사지다. 뼈와 근육을 자극해 혈액순환과 기의 흐름을 원활하게 하고 장기의 활동을 정상화해 체형과 건강한 피부를 만들어 준다.
약손명가는 토종 마시지 기법인 '골기테라피'를 무기로 활발하게 세계 진출을 준비 중이다. 국내에서 업계 1위 자리를 굳건히 지키고 있는 만큼 해외에서도 경쟁력이 있다는 판단에서다.
실제 골기테라피는 해외에서도 큰 인기가 높은데 약손명가는 현재 일본 9개 지점을 비롯해 필리핀·미국·중국 등에서 모두 14개 해외 지점을 운영 중에 있다.
해외 지점 대부분이 한국인 거주자가 적지 않은 지역에 있지만 약손명가를 찾는 사람의 90% 이상이 현지인이다. 꾸준히 약속명가를 찾아 골기테라피를 받는 현지인 충성고객 비율 또한 높은 편이다.

3. 얼짱몸짱

(1) 브랜드 컨셉

얼짱몸짱 뷰티클럽은 “피부 관리도 브랜드다.”의 카피에서 느껴지는 것과 같이 뷰티샵의 브랜드를 중시하고, 고급 고가 뷰티샵의 이미지와 전문 관리는 그대로지만 거품을 제거한 실속적이고 합리적인 가격으로 고객의 편안한 품격관리를 위해 탄생했다.

각 분야의 전문가들이 원인별 문제점을 정확한 분석으로 프로그램하고 첨단 디지털 시스템으로 다이어트, 바디&스킨케어를 실현한다.

천연 유기농 제품을 사용하여 보다 안전하고 고품격 관리를 통해 고객의 아름다움을 향상시킨다.

(2) 경영철학

① 건전한 수익 창출을 통해 봉사 가맹점, 고객, 지역, 사회 모두가 만족할 수 있는 상생의 경영실현
② 명확한 VISION, MISSION, VALUE 제시
③ 정도 추구에 의한 신바람 나는 회사 건설
④ 창의와 도전에 의한 회사의 미래 설계
⑤ 새로운 경영기법 도입과 능력 개발로 인재 육성
⑥ 대, 내외 유관기관과 공고한 협력관계 우호 개선

(3) VISION

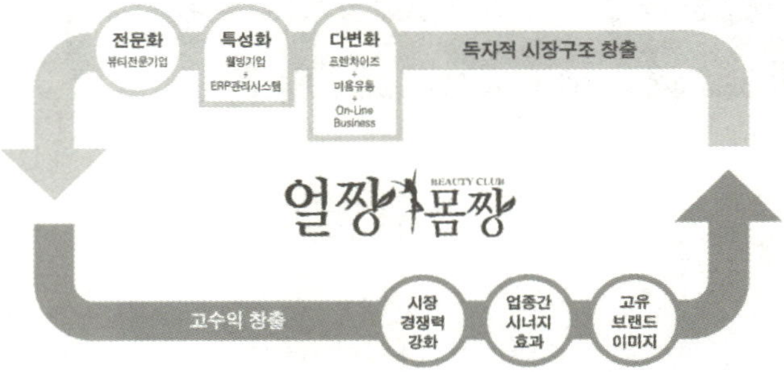

(4) PR MARKETING

(5) STRATEGY

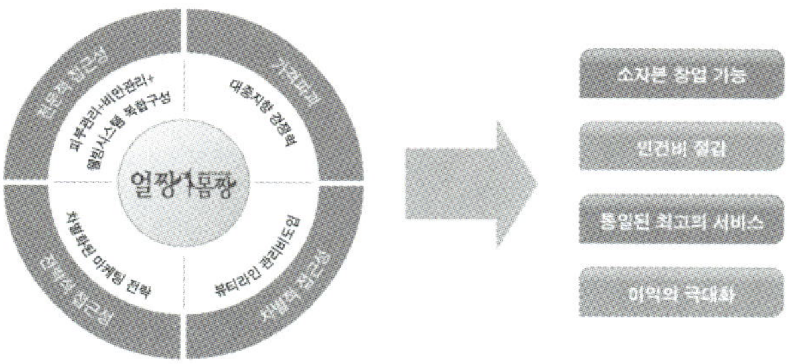

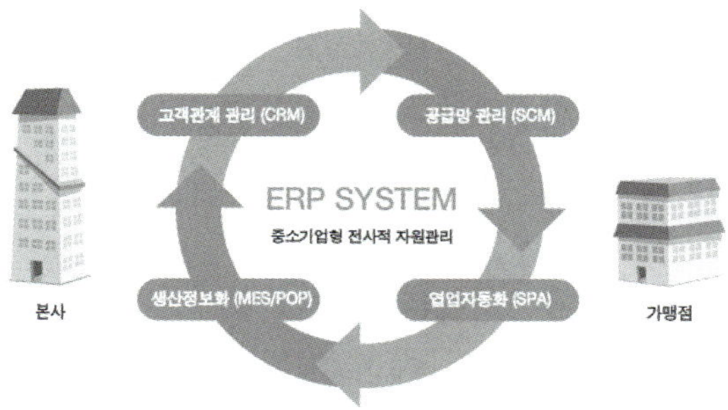

얼짱몸짱은 2004년 ㈜뷰피플 얼짱몸짱 클럽을 설립하면서 시작됐다.
피부관리 프랜차이즈 얼짱몸짱은 독자적 시장구조로 뷰티 문화를 활성화하고 체계적인 관리프로그램으로 특성화 하였다.
이후 뷰티라인 미용기기를 개발하여 체계적인 관리시스템을 도입했고 또한 온라인 비즈니스 확장으로 다변화를 시도했다.
피부재생, 유기농 케어 등 다양한 프로그램을 운영하며, 남성과 산모(아우라마망) 또는 웨딩 전 관리를 위한 시스템 구축으로 합리적인 가격대의 세분화된 서비스를 제공한다.
또한 미스코리아, 미스인터콘테넨탈 및 투어리즘 대회 등 각종 세계 미인대회 협찬 뿐만 아니라 공중파 TV 및 라디오 협찬 진행을 활발히 하며 브랜드 인지도를 서서히 높였다.
최근에는 국내 시장뿐 아니라 현재 중국에 14호점과 베트남2호점 등을 오픈하고 북경 및 상해에 창업박람회에 참가하여 브랜드 홍보를 진행하고 있으며 나레스트 미용학원을 중국 및 베트남에 론칭하여 많은 관심을 받고 있다.
새로운 화장품 브랜드 '엠스페이스'를 론칭하여 해외(베트남, 중국, 태국, 필리핀 인도네시아 등)에 선보이고 수출을 통하여 뷰티 사업을 확장할 계획이다.

4. 미플

(1) Operation concept

도심속의 내 피부가 쉬는 곳이라는 슬로건 하에 기존에 고가 피부관리실과 개인이 운영하는 피부관리실의 문제점을 파악하여 최고의 인테리어로 고품격 서비스를 합리적인 비용으로 이용할 수 있도록 프랜차이즈 형태로 운영되고 있는 에스테틱 전문 샵

① 운영 노하우는 물론 전문 강사의 실습교육과 기기교육 등 모든 프로그램을 전문화, 표준화

② 피부 진단에서 관리까지 체계적인 지원

③ 회원관리제, 예약제로 운영

(2) 브랜드

1) Skin resort 미플

美 PEOPLE : 아름다운 사람들　美 PLUS : 아름다움을 더함

도심속의 내 피부가 쉬는 곳이라는 슬로건 아래 초록의 신선함과 미의 창조/변화를 표방하며 아름다움을 더한다는 의미와 아름다운 사람들이란 의미를 내포

2) Skin salon 아미아

공간 속에는 여성의 아름다움이 존재한다. 여성만이 지닐 수 있는 섬세한 아름다움을 약속하겠다는 의미를 표방

미플은 'MIPL Esthe Bio Lab'이라는 자사의 연구기관을 운영하고 있다. 에스테틱 기술 및 화장품, 미용기기, 미용건강식품, 여성뷰티라이프, 뷰티 트렌드 등의 연구를 중점적으로 시행하여 고객의 목소리를 직접 반영하고 전문가 집단이 기획한 미플의 독자적인 상품을 개발하고 있다.

MIPL ESTHE BIO LAB은 〈아름다움을 만든다〉는 전략으로 에스테틱을 중심으로 대체의학, BIO LIFE STYLE 등을 폭 넓게 연구하는 선진적인 연구개발 시스템을 운영하고 있다.

과학기술에 기초한 에스테틱의 연구개발에 있어서 안전성을 가장 중요시하며, 이를 기반으로 고객은 미플 점포에서 아름답고 건강한 피부관리뿐 아니라 심신을 편안히 할 수 있다.

12

Spin off 전략

뷰·티·프·랜·차·이·즈·경·영·전·략·론·뷰·티·프·랜·차·이·즈·경·영·전·략·론

1. Spin off

(1) 사전적 의미

① 분리, 독립시키다.

② 기업분할

(2) 경제적 의미

① 일반적으로 대기업이 기업의 경쟁력을 강화하기 위해 그룹 분사방식으로 다각화된 기업이 한 사업을 독립적인 주체로 만들기 위한 회사 분할이다. 이러한 회사 분할 방식은 경영 효율성을 높일 수 있는 장점이 있다.

② 최근에는 영화나 드라마, 기타 가수들의 경우에도 원작의 인기에 힘입어 전작에 등장하는 등장인물이나 상황에 기초해서 새로운 다른 이야기의 전개를 만들어 낸다.

③ 기업이나 기술 관련 연구소에서는 Spin off를 바탕으로 단기간의 프로젝트를 위한 자체 TFT(Task Force Team)나 장기적인 사내 벤처를 육성을 육성하고 있다.

2. Spin off 도입 사례

(1) 음반 : god 8집

2005년 10월 7집을 끝으로 각자 분주한 개인 활동을 하다 다시뭉친 원조(?) 아이돌 그룹 'god'가 9년 만에 의기투합하여 다시금 팬 곁으로 돌아왔다. 당시 하늘색 풍선을 흔들던 팬들에게는 반가운 소식과 함께 필자와 같은 세대들은 아련한 향수마저도 느낄 것 같다.

2000년도 초반의 god는 지금의 EXO 못지않은 대단한 인기였고, JYP의 프로듀싱에 의해 탄생한 히트곡은 각종 매체를 통해 거의 1위를 석권하였다.

이들의 팬덤 또한 10대에서 20~40대까지 고른 연령대의 분포도를 보였다.

god의 인기를 앞세워 TV 예능분야에서도 섭외 1순위였는데 특히, MBC 일밤에서 방영되었던 'god의 육아일기'는 지금 한창 인기를 끌고 있는 아이들 예능의 시초라 해도 과언이 아니다.

이런 god가 음원 사이트를 통해 '하늘색 약속' 8집 타이틀을 발표하며 팬 곁으로 돌아왔다. god 3집 후속곡 '촛불하나'의 가사처럼 헤어질 때 다시 만나자고 했던 팬들과의 약속을 스핀 오프를 통해 지켜낸 것이다.

가장 자연스럽고, 친숙하며, 그들의 스토리텔링이 팬들에게도 그대로 전해지는 짠한 감동의 스핀 오프 전략이다.

(2) 드라마 : 아이리스 vs 아테나 : 전쟁의 여신

최근에는 드라마에서도 시청률에 대한 부담일까? 전작의 흥행여파에 잠시 무임승차하듯 자연스럽게 스핀 오프가 적용된 드라마가 많이 선보인다. 물론,

이러한 스핀 오프 전략은 스토리 전개의 자연스러움과 함께 시청자들에게는 또 다른 웃음 유발 코드가 되기도 한다.

케이블에서는 이례적으로 인기가 높았던 '응답하라 1994'에서도 전편의 배우들이 까메오로 등장하여 깨알 웃음을 선사하기도 하였다.

이렇게 잠깐 등장하는 까메오를 통한 스핀 오픈뿐만 아니라 전체의 구성과 주인공, 내용 자체가 완전히 다른 스핀 오프 드라마도 선보인다.

바로 전작 '아이리스'를 토대로 속편 형식을 띠고 있는 '아테나 : 전쟁의 여신'이다.

물론, 스핀 오프 전략이 다 통하는 것은 아닌 것 같다. 전작 '아이리스'에 비해 보다 많은 제작비와 스펙터클한 영상이 가미되었음에도 불구하고 전작에 비해 시청자들의 주목을 크게 받지는 못했다.

역시나 '구관이 명관'이라는 속담과 함께 아쉬움 속에 막을 내렸다.

(3) 영화 : 엑스맨 vs 더 울버린

만화를 원작으로 한 슈퍼 히어로의 등장은 미국의 영화사 마블의 주요 흥행 전략이다.

특히나 스파이더맨 시리즈나 엑스맨 시리즈와 같은 볼거리 위주의 화려한 영상은 비단 만화를 좋아하는 어린이층에만 국한된 것이 아니라 성인들에게도 인기가 많다.

이미 2000년에 개봉되어 14년을 이어온 엑스맨 시리즈는 속편뿐만 아니라 엑스맨 타이틀을 과감히 깬 울버린 단독 버전으로 탄생된 영화 속 스핀 오프 전략의 대표적인 사례이다.

엑스맨 시리즈 속편에서도 스토리 전개가 이어지듯 울버린을 중심으로 탄생과 배경을 다루는가 하면 아예 엑스맨 시리즈는 속편만으로는 성이 차지 않는지 엑스맨 시리즈의 주인공인 울버린을 단독으로 '더 울버린'이 제작되었다.

이쯤 되면 팬의 입장으로 살짝 휴 잭맨의 나이와 건강, 몸 상태 등이 염려되기도 한다.

(4) 미용 프랜차이즈 : 리안 vs 보그

2000년 프랜차이즈 준비 과정을 거쳐 2001년 본격적으로 미창조 주식회사의 법인 설립과 함께 40개의 미용실 원장을 시작으로 설립되었다. 출범 당시 향후 기술 위주의 도제식 경영방식을 벗어난 선진화된 프랜차이즈 형태의 시스템을 도입하였다.

RIAHN의 사세확장과 탄탄한 조직력에 힘입어 프랑스 프리미엄 브랜드 보그의 론칭 또한 Spin off 전략의 하나라고 하겠다.

쉬어가는 PAGE

ABOUT 카르텔

카르텔이란?

동일 업종의 기업들이 이윤의 증대를 노리고 자유 경쟁을 피하기 위한 협정을 맺는 것으로 형성되는 시장 독점의 연합 형태. 또는 그 협정이다.

가장 일반적인 목적은 가격·생산량·시장점유율을 조정하기 위한 것으로 참여기업은 목적달성을 위한 공동정책을 시행하지만 각각 독자적인 사업체의 성격을 지니며 독립된 재정을 유지한다는 점에서 참여기업의 독립성이 거의 상실되는 트러스트와 구분한다.

* 트러스트 : 개별 기업의 독립성은 거의 상실된 상태로 같은 업종의 기업끼리 시장 독점을 위해 결합하는 일

그들이 결합하여 독점적 지위를 유지하고 이용함으로써 생기는 공동이익이 카르텔을 안정적으로 유지하는 기반이다. 카르텔 형태의 협정은 적어도 중세 초기부터 있었는데, 어떤 학자들은 고대 그리스나 로마에도 카르텔이 존재했다고 주장하기도 한다.

카르텔이 형성되는 주된 이유는 산업 전체의 이윤을 크게 떨어뜨리는 원인이라고 여겨지는 '파괴적인' 경쟁을 막기 위해서이다.

카르텔이 형성되면 모든 경쟁 기업들이 전체 시장에서 자신들의 점유지분을 공정하게 할당받을 수 있다고 본다. 카르텔이 수행하는 가장 일반적인 활동은 그 산업의 독점적 지위를 유지하고 강화하는 것이다.

즉 가격을 고정시키고, 회원 사이에 판매량을 할당하거나 판매지역과 생산 활동을 배정하고, 각 회원들에게 최소이익을 보장하며, 회원들 간에 판매·리베이트·할인·기간 등의 조건을 합의하는 것이다.

카르텔이 형성되면 소비자들은 경쟁가격보다 더 높은 가격을 지불해야 한다. 카르텔은 비효율적인 기업들도 살아남을 수 있도록 해주며, 비용절감으로 인한 가격하락을 막기 위해 기술개발을 피하게 한다.

카르텔이 유지되는 한 어느 정도의 가격안정이 보장되지만, 참여 기업간에 이해 다툼이 일어나기 쉽다. 그러나 카르텔이 무너지면 격심한 가격변동이 일어난다.

독일에서는 현재 카르텔이 가장 일반적인 형태의 독점조직이다. 독일의 카르텔은 보통 경쟁상품을 생산하는 기업, 즉 생산자들의 수평적 결합이다.

쉬어가는 PAGE

그러나 때로 원료부터 중간제품·완제품 생산부문에 걸쳐 통합이 이루어지기도 하는데 이런 기업 결합을 수직적 통합이라고 한다. 제1차 세계대전이 일어나기 10여 년 전에 국제시장을 지배하려는 목적으로 기업 결합이 추진되었다.

독일 기업들은 관세정책을 실시하여 국내 가격을 높게 유지하고, 해외시장으로의 수출가격은 낮출 수 있었다. 제1·2차 세계대전 동안 독일정부는 전시 경제로 손쉽게 이행하기 위해 카르텔을 선호했다. 제2차 세계대전 이후 카르텔을 비롯한 여러 형태의 무역통제 조치들은 연합군의 점령이 끝날 때까지 금지되었다.

1957년에 공포된 법에 따라 여러 형태의 '경쟁 제한'은 금지되었으나, 수출 카르텔과 같은 특정한 카르텔 협정은 허용되었다. 국제적인 카르텔 협정은 제1·2차 세계대전 사이에 각국에서 독점적 지위를 차지하고 있는 기업들간에 처음 체결되었다.

이런 카르텔과 특히 독일 기업들이 참여했던 카르텔은 몇몇을 제외하고 대부분 제2차 세계 대전 중에 해체되었다. 그 후 화학 산업과 그 관련 분야에서 과거의 카르텔 협정을 되살리려는 몇 가지 조치가 행해졌다. 그러나 각국 정부의 이해관계가 다르고, 국제 카르텔의 여러 가맹국들이 각기 다른 국내법의 구속을 받기 때문에 단일한 정책을 세우기가 어려운 실정이다.

부록 1

뷰티 프랜차이즈 계약서 예시

제1조(목 적)
이 계약서는 가맹사업자 (   )을/를 "갑"(이하 "갑"이라 칭한다.)과 가맹계약자 (   )을/를 "을" (이하 "을"이라 칭한다.)로 하여 다음과 같이 헤어살롱의 공정한 가맹사업(프랜차이즈) 계약체결을 위해 그 계약조건을 제시함을 목적으로 한다.

※ 중간가맹사업자(sub franchisor)가 가맹사업자로부터 대리권을 얻어 가맹계약자를 모집할 경우 이는 별도의 가맹사업계약으로 이 약관이 표준이 될 수 있음.

제2조(용어의 정의)
① 가맹사업자(franchisor)라 함은 가맹계약자에게 자기의 상호, 상표, 서비스표, 휘장 등을 사용하여 자기와 동일한 이미지로 상품판매의 영업활동을 하도록 허용하고 그 영업을 위하여 교육·지원·통제를 하며, 이에 대한 대가로 가맹금(franchise fee), 보증금 등을 수령하는 자를 말한다.
② 가맹계약자(franchisee)라 함은 가맹사업자로부터 그의 상호, 상표, 서비스표, 휘장 등을 사용하여 그와 동일한 이미지로 상품판매의 영업활동을 하도록 허용 받고 그 영업을 위하여 교육·지원·통제를 받으며, 이에 대한 대가로 가맹금, 보증금 등을 지급하는 자를 말한다.
③ ○○○ 헤어그룹의 ○○ 살롱은 ○○ 헤어그룹에서 가맹사업을 진행하는 헤어살롱의 통합 명칭을 말한다.

제3조(권리의 부여)
"갑"이 개발한 ○○○ 헤어그룹의 가맹사업을 영위하기 위하여 다음의 권리를 별표에 명시한 "을"에게 부여한다.

1. 상호, 상표, 서비스표, 휘장 등의 사용
2. 가맹사업과 관련하여 등기·등록된 권리
3. 상품 또는 원·부자재(이하 '상품·자재'라 함)의 공급을 받을 권리
4. 기술(know-how)의 이전 등 경영지원을 받을 권리
5. 각종 마케팅 툴과 매뉴얼을 공급 받을 권리
6. 기타 "갑"이 정당하게 보유하는 권리로서 당사자가 협의하여 정한 사항

* "을" 의 표시
(1) 점포 명 :
(2) 상호 및 대표자 :
(3) 점포 소재지 :
(4) 점포 규모 : m^2(평)
(5) 영업지역 :

제4조(영업지역)

① "갑"은 영업지역을 구분하고 이를 "을"이 선택한다.

② "갑"이 "을"의 점포가 설치되어 있는 영업지역 반경 5km 내에 직영매장을 설치하거나 다른 가맹계약자의 점포의 설치를 허용하고자 하는 때에는 "을"의 동의를 얻어야 한다. 단, 갑이 별도 약정한 연도별 개설절차에 의한 점포개설에 대하여는 "을"의 동의 없이 진행이 가능하다.

제5조(계약기간)

① 계약기간은 특약이 없는 한 2년으로 한다.

② "갑" 또는 "을"이 계약을 종료하고자 하는 때에는 기간 만료 2개월 전에 상대방에 대하여 계약의 종료를 통지하여야 한다.

③ 제2항의 계약종료의 통지 없이 계약기간을 경과한 때에는 계약이 전과 같은 조건으로 갱신된 것으로 본다.

제6조(계약의 해지)

① "갑" 또는 "을"은 다음의 경우에는 2주일 이상의 기간을 정하여 서면으로 이행 또는 시정을 최고하고 그 이행 또는 시정이 이루어지지 아니하면 계약을 해지할 수 있다.

1. "을"에게 제21조 제1항 각호의 사유가 있는 경우
2. "갑"이 약정한 상품·자재의 공급, 경영지원 등을 정당한 이유 없이 하지 않거나 지체하는 경우

② "갑" 또는 "을"은 다음의 경우에는 경고없이 즉시 계약을 해지할 수 있다.

1. "을"에게 제21조 제2항 제1호 내지 제3호의 사유가 있는 경우
2. "을"이 영업을 계속할 수 없는 객관적인 불가피한 사유가 있는 경우
3. "갑"이 파산하는 경우
4. "갑"이 발행한 어음·수표가 부도 처리되는 경우

제7조(계약의 종료와 조치)

① 계약이 기간만료 또는 해지로 종료된 때에는 "을"은 계약이행보증금을 지급한 경우에는 "갑"으로부터 제8조 제2항의 정산잔액과 정산서를 받은 때로부터(정산잔액이 없는 경우에는 정산서를 받은 때로부터), 계약이행보증보험증권이나 물적 담보를 제공한 경우에는 잔존 채무·손해배상액의 통지서를 받은 때로부터, 즉시 상호·상표·서비스표·휘장·간판 등의 사용을 중단하고 이를 철거하여 원상으로 복구한다.

② 제1항의 철거·원상복구의 비용은 계약이 "을"의 귀책사유로 인해 종료되는 경우에는 "을"이, "갑"의 귀책사유로 인해 종료되는 경우에는 "갑"이 부담한다.

제8조(가맹비)

① 계약체결시 "을"은 "갑"에게 가맹비로 ( )원을 지급한다. 단, 살롱의 크기를 10조(개별시설 동일)를 기준한 가격이며, 살롱 시설이 11조 이상일 경우에는 본사와 별도 가맹비 체결을 한다.
② "을"은 가맹비를 일시금으로 지급한다. 다만, "갑"의 동의를 얻어 분할지급할 수 있으며, 이 경우에는 법정 이자를 가산한다.
③ 가맹비에는 점포개설에 따른 상호, 상표, 서비스표등의 사용과 장소선정 지원비·가맹사업 운영매뉴얼 제공비를 포함한다.
④ 가맹비는 어떠한 경우에도 반환 할 수 없으며, 재계약시에는 계약기간 종료 2개월 전 당시 본사의 방침에 따라 가맹비를 재 납부한다.

제9조(계약이행보증금)

① "갑"은 상품·자재의 대금, 광고·판촉비("을"이 책임지기로 약정한 금액에 한함) 등의 채무액 또는 손해배상액의 지급을 담보하기 위하여 계약체결시에 계약이행보증금으로 (　　　)원을 "갑"에게 지급하거나 이에 상당하는 물적 담보를 제공한다.
② 계약이 기간만료 또는 해지로 종료된 때에는 "갑"은 기간만료일 또는 해지일로부터 10일 이내에 계약이행보증금으로 잔존 채무·손해배상액을 정산하여 잔액을 상환하고 정산서를 교부한다.
③ 물적 담보가 제공된 경우에는 "갑"은 "을"이 잔존 채무·손해배상액을 지급하는 즉시 물적 담보의 말소에 필요한 서류를 교부하여야 한다.
④ 제23조 상품의 조달과 관리와 관계하여 "갑"이 제공하는 상품을 "을"의 임의로 변경 또는 대체하여 사용하였을 경우에는 "갑"이 계약이행보증금 전액을 청구하며, "을"은 이에 대해 일체의 이의를 제기할 수 없다.

제10조(교육 및 훈련)

① "갑"이 정한 교육 및 훈련과정을 이수하지 아니하는 자는 "을"의 점포 관리자로 근무할 수 없다.
② 교육은 개업시 교육, 정기교육, 특별교육 등으로 구분한다.
③ 정기교육은 이를 실시하기 1개월 전에 그 교육계획을 수립하여 "을"에게 서면으로 통지한다.

④ 비정기교육은 이를 실시하기 1주일 전에 장소와 시간을 정하여 서면으로 통지한다.
⑤ 교육비용은 "갑"이 책정하고 "을"에게 그 산출근거를 서면으로 통지한다.
⑥ "을"은 필요시 자신의 비용부담으로 "갑"에게 교육 및 훈련요원의 파견을 요청할 수 있다.

제11조(경영지도)
① "갑"은 "을"의 경영활성화를 위하여 경영 지도를 할 수 있다.
② "을"은 자신의 비용부담으로 "갑" 경영 지도를 요청할 수 있다.
③ 제2항의 요청을 받은 "갑"은 경영지도계획서를 "을"에게 제시하여야 한다.
④ 경영지도계획서에는 지도할 내용, 기간, 경영진단 및 지도할 자의 성명, 소요비용 등을 기재하여야 한다.
⑤ "갑"은 경영지도결과 및 개선방안을 "을"에게 서면으로 제시하여야 한다.

제12조(감독/시정권)
① "갑"은 "을"의 점포 경영 상태를 파악하기 위하여 월 1회 점포를 점검하고 기준에 위반하는 결과에 대해 시정을 요구할 수 있다.
② 점포의 점검은 위생, 회계처리, 각종설비관리, 원·부자재관리 등의 상태를 점검한다.
③ "갑"은 점포의 노후시설의 교체·보수를 명할 수 있다. 이 경우 "갑"은 "을"과 협의하여 직접 교체·보수하거나 제3자에게 의뢰할 수 있다.

제13조(점포의 설치장소의 선정)
① "갑"은 "을"과 협의하여 점포를 설치할 장소를 선정한다.
② 장소의 선정은 통행인의 수·교통량 및 질·시장특성·통행인의 구매습성·주요한 근린시설·업종별 특성에 따른 매출성향 등을 항목별로 구분하여 종합적으로 판단한다.

제14조(점포의 설비)
① "을"의 점포설비(인테리어)는 가맹사업 전체의 통일성과 독창성을 유지할 수 있도록 "갑"이 정한 사양에 따라 설계·시공한다.
② 점포의 실비는 "갑"의 직접 시공 또는 "갑"의 하청업체를 통해 시공을 하도록 하며 "을"에게 실비의 시공 공정을 매주단위로 서면으로 통보하여 준다.
③ 점포설비에 따른 제반 인·허가는 이 계약체결일로부터 10일 이내에 "을"이 자신의 책임과 비용으로 취득하는 것으로 한다.

④ “을”은 청결한 점포환경을 유지하기 위하여 노후된 시설을 교체·보수한다.
⑤ “갑”은 가맹사업의 개선을 위하여 필요한 때에는 점포의 실내장식, 시설, 각종의 기기를 교체·보수할 것을 요구할 수 있다.

제15조(광 고)
① “갑”은 가맹사업의 활성화를 위하여 전국규모 및 지역단위의 광고를 할 수 있다.
② 광고의 횟수·시기·매체 등에 관한 세부적 사항은 가맹사업 운영매뉴얼에서 정하는 바에 의한다. 단, “갑”은 가맹사업의 원활한 운영과 필요에 따라 이를 조정할 수 있다.
③ 광고에 소요되는 비용은 전국규모의 광고는 “갑”이 (   )%를 “을” 외 가맹점 전체가 (   )%를 부담하며, 지역단위의 광고의 경우에는 해당 지역의 가맹계약자들이 분담하여 진행한다.
④ “갑”은 매 분기 지출한 광고비 중에서 각 “을”이 부담해야 할 광고비를 다음 분기 첫 달의 말일까지 그 명세서를 첨부하여 통지하고, “을”은 그 통지를 받은 날로부터 2주일 이내에 지급한다.

제16조(판 촉)
① “갑”은 가맹사업의 활성화를 위하여 전국규모 및 지역단위의 상품권제공, 경품제공, 이벤트 등과 같은 판촉활동을 할 수 있다.
② 판촉활동의 횟수·시기·방법·내용 등에 관한 세부적 사항은 가맹사업 운영매뉴얼에서 정하는 바에 의한다. 단, “갑”은 가맹사업의 원활한 운영과 필요에 따라 이를 조정할 수 있다.
③ “을”이 직접 판매하는 상품의 할인비용이나 직접 제공하는 경품·기념품 등의 비용은 당해 “을”이 부담하며, 판촉활동을 위한 통일적 팸플릿·전단·리플릿·카달로그의 제작비용 등은 “갑”이 부담한다.
④ 제3항에서 규정하지 아니하는 그 밖의 판촉행위에 소요되는 비용은 “갑”과 “을”이 분담한다. 이 경우 “갑”은 산출근거를 서면으로 제시하여 “을”의 동의를 얻어야 한다.
⑤ “을”은 자기의 비용으로 자기 지역 내에서 판촉활동을 할 수 있다. 이 경우 “을”은 “갑”과 협의하여야 한다.

제17조(영업양도 및 담보제공)
① “을”은 “갑” 승인을 얻어 점포의 영업을 양도, 轉貸하거나 영업재산을 담보로 제공

할 수 있다.

② 제1항의 승인은 2개월 전에 "갑"에 대하여 서면으로 청구하여야 한다.

③ "갑"은 승인청구를 받은 날로부터 1개월 이내에 서면으로 승인 또는 거절을 하여야 한다. 단, 거절을 하는 경우에는 그 사유를 구체적으로 명시하여야 한다.

④ 양수인, 轉借人은 "을"의 "갑"에 대한 권리와 의무를 승계한다.

⑤ 양수인, 轉借人에 대하여는 가입비가 면제된다. 단, 소정의 교육비는 부담한다.

⑥ 양수인이 요청하는 경우에는 "을"의 잔여 계약기간 대신에 완전한 계약기간을 부여할 수 있다. 이 경우에는 신규계약으로 한다.

제18조(영업의 상속)

① "을"의 상속인은 "을"의 영업을 상속할 수 있다.

② 상속인이 영업을 상속할 경우에는 "갑"에게 상속개시일 로부터 3개월 이내에 상속사실을 통지하여야 한다.

③ 상속인에 대해서는 가입비를 면제한다. 단, 소정의 교육비는 부담한다.

제19조(지적소유권의 확보)

① "갑"은 상호·상표·휘장 등에 대한 배타적 독점권을 확보하는데 필요한 절차를 갖춘다.

② "갑"은 "을"에게 상호·상표·휘장 등을 사용할 정당한 권한을 부여하였음을 증명하는 증서를 교부한다.

③ "갑"은 "을"에게 사용을 허가한 각종의 권리에 대하여 책임을 진다.

제20조(상품의 조달과 관리

① "갑"은 브랜드의 동일성을 유지하는데 필요한 상품·자재를 "을"에게 공급한다.

② "갑"이 제공하는 상품 중 헤어살롱의 운영에 필요한 원재료에 대한 가격은 1조당 일금 (   )원으로 책정하며, 매년 1월 중 "갑"은 물가변동에 따른 금액으로 변경하여 "을"에게 통보한다.

③ "을"은 매 2개월에 한번 원재료 공급을 받는 것을 기본 전제로 하며, 해당 가맹점에 설치된 모든 조에 대한 원재료를 모두 교체하는 것으로 한다. 원재료 교체시 원재료 비용 외 소요되는 모든 비용은 "을"이 지급하는 것으로 하며, 청구되는 금액을 제27조와 같이 지불한다.

④ "을"은 가맹점 운영에 필요한 원재료를 계약기간 동안 어떠한 경우에도 "갑"으로부터만 지급 받아야 된다. 경쟁사나 기타 자체 원재료를 개발 사용하여 운영시에는

바로 가맹계약을 해약하는 것으로 한다.

⑤ "을"은 "갑"의 허락 없이는 공급받은 상품·자재를 타인에게 제공하거나 대여할 수 없다.

제21조(상품공급의 중단)

① "갑"은 다음의 경우에 1주일 전에 서면으로 예고한 후 "을"에 대한 상품·자재의 공급을 중단할 수 있다. 이 경우 재공급조건을 지체 없이 "을"에게 통지하여야 한다.

1. "을"이 6개월에 걸쳐 3회 이상 상품·자재의 대금지급을 연체하는 경우
2. "을"의 채무액이 계약이행보증금을 초과하는 경우
3. "을"이 "갑"과 협의 없이 점포 운영을 5일 이상 방치하는 경우
4. "을"이 "갑"과 약정한 판매촉진활동을 이행하지 않는 경우
5. "을"이 노후된 점포설비의 교체·보수의 요청에 따르지 않는 경우

② "갑"은 다음의 경우에는 즉시 상품의 공급을 중단할 수 있다.

1. "을"이 파산하는 경우
2. "을"이 발행한 어음·수표가 부도 처리되는 경우
3. "을"이 강제집행을 당하는 경우
4. 천재지변이 있는 경우

제22조(영 업)

① "을"은 가맹점 운영을 1년 365일 지속해서 운영하는 것으로 하되, 2개월에 1일은 원재료 교체일로 휴업하는 것으로 한다.

② "을"은 매일 가맹점 운영시간을 "갑"과 협의하여 결정하며 지정된 가맹점 운영시간을 변경할 경우 필히 "갑"에게 통보 조치하여야 한다.

③ 가맹계약자가 휴업할 경우에는 사전에 가맹사업자에 사유를 기재한 서면으로 통지하여야 한다.

제23조(보고의무)

① "을"은 년 4회 매출상황과 회계원장 등을 "갑"에 서면으로 보고하여야 한다.

② "을"은 "갑"으로부터 사용허가를 받은 상호, 상표, 서비스표, 특허권 등에 대한 침해를 이유로 제3자가 소를 제기한 경우에는 이를 "갑"에 보고하여야 한다.

제24조(보 험)

"갑"은 "을"에게 그의 영업상의 과실, 상품의 하자, 점포의 화재로 인하여 소비자나 제3자가 입은 손해를 배상하기 위하여 지정한 보험가입을 권유하고 "을"은 해당 보험에 가입하여야 한다.

제25조("을"의 의무)

① "을"은 계약 및 경영상 알게 된 "갑"의 영업상의 비밀을 계약기간은 물론이고 계약 종료 후에도 제3자에게 누설해서는 안 된다.

② "을"은 "갑"의 허락 없이 교육과 세미나자료, 편람의 내용 등을 인쇄 또는 복사할 수 없다.

③ "을"은 계약의 존속 중에 "갑"의 허락 없이 자기 또는 제3자의 명의로 "갑"의 영업과 동종의 영업을 하지 않는다.

제26조("갑"의 의무)

① "갑"은 가맹사업계약을 체결하는 과정에서 가맹희망자들이 가맹 여부를 적정하게 판단할 수 있도록 필요한 자료 및 정보를 충분히 공개하여야 한다.

② "갑"은 가맹희망자들의 요구가 있을 때에는 다음의 자료 및 정보를 서면으로 제공하여야 한다.

1. 계약체결시 또는 계약체결 후 부담해야 할 가입비, 정기납입경비, 계약이행보증금, 기타 공과금 등의 금전에 관한 내용
2. 상품·자재의 공급조건, 경영지원과 이에 대한 대가지급방법, 영업의 통제사항, 계약의 해제·해지
3. 가맹희망자가 운영할 점포 인근지역의 가맹계약자현황, 가맹사업자가 제시한 예상 매출액 산정내역

제27조(대금 지불)

① "을"은 신규 개점의 경우 "갑"에 대하여 아래와 같이 해당대금을 지불하여야 한다.

1. 가맹비, 계약이행보증금 - 계약일
2. 원재료, 시설, 집기, 비품 등 - 계약일 + 15일까지
3. 보험료 - 개점일까지

② "을"이 "갑"으로부터 공급받는 제품, 원재료, 소모품 기타의 용품에 대한 대금결제는 매월 말을 기준으로 종합계산하고 본사에서 청구하는 납입대금서에 따라 차월 10일까지 "갑"이 지정하는 은행계좌에 입금시켜야 한다.

제28조(지연이자)

"을"은 "갑"에게 제 27조에 따라 대금 지급과 관련하여 그 지급기간을 경과하면 미지급액에 대하여 지급일 다음날로부터 15일까지는 년 12%, 지급일 다음날부터 30일까지는 년 18%에 해당하는 지연이자를 가산한다.

제29조(상품권, 할인권이용)

① "갑"은 상품권을 발행하여 "을" 또는 제 3자에게 판매 또는 제공할 수 있다. "을"은 "갑"이 발행한 상품권을 통하여 서비스를 받고자 하는 고객에게 해당 상품금액에 해당한 서비스를 제공하여야 한다.
② 상품권 이용은 "갑"이 정한 상품권 이용약관에 따라 운영한다.
③ "갑"이 "을"에게 상품권을 판매시 또는 "을"의 상품권 회수에 따른 비용은 상품권 비용의 70%를 책정하며, 판매 금액과 회수 비용은 매월 납입대금에서 정산한다.
④ 할인권은 "갑" 또는 "을"이 자체 발행 할 수 있으며, "을"이 자체 발행한 할인권에 대하여서는 타 가맹계약자의 가맹점에서 활용하지 못하는 문구를 반드시 기입하여야 하며, 이 할인권에 관련된 모든 책임은 "을"이 가진다.

제30조(재판의 관할)

이 계약에 관한 소송은 "갑"의 본사소재지를 관할하는 법원으로 한다.
상기 각 조항의 약정을 증명하기 위하여 본 계약서 2통을 작성, 서명 날인한 뒤 "갑", "을"에 각 1통씩 보관키로 한다.

20 . . .

"갑"
(인) 사업자번호 :
주소 :

"을"
성명 : (인)
주소 :
주민등록번호 :

memo

부록 2

뷰티 프랜차이즈 정보공개서 예시

RIAHN
variety network hair castle

정 보 공 개 서

미창조(주)는 「가맹사업거래의 공정화에 관한 법률」 제 7 조 및
같은 법 시행령 제 4 조제 1 항에 따라 귀하에게 이 정보공개서를 드립니다.

[정보공개서 등 록 번 호] : 20080100743
[정보공개서 최초 등록일] : 2008.12.12
[정보공개서 최종 등록일] : 2012.12.11

이 정보공개서는 귀하께서 체결하려는 가맹계약 및 해당 가맹사업에 대한 전반적인 정보를 담고 있으므로 그 내용을 정확하게 파악한 후에 계약체결 여부를 결정하시기 바랍니다. 「가맹사업거래의 공정화에 관한 법률」에 따라 가맹희망자에게는 정보공개서의 내용을 충분히 검토하고 판단할 수 있도록 일정한 기간이 주어집니다. 따라서 이 정보공개서를 제공받은 날부터 14 일(변호사나 가맹거래사의 자문을 받은 경우에는 7 일)이 지날 때까지는 가맹본부가 귀하로부터 가맹금을 받거나 귀하와 가맹계약을 체결할 수 없습니다. 이 정보공개서는 법령이 정한 기재사항을 담고 있는 것에 불과하며 그 내용의 사실 여부를 정부에서 모두 확인한 것은 아닙니다. 또한, 귀하께서는 어디까지나 가맹계약서의 내용에 따라 가맹사업을 운영하게 되므로 정보공개서의 내용에만 의존하여서는 아니 됩니다. 귀하께서 가맹계약서에 서명하는 순간부터 그 내용에 구속됩니다. 따라서 충분한 시간을 갖고 정보공개서나 가맹계약서의 내용을 검토하시고 기존 가맹점사업자를 방문하여 얻은 정보에 근거하여 가맹본부의 신뢰성을 판단하도록 하십시오. 가맹사업은 법률, 회계, 경영 등 다양한 분야의 지식이 필요한 분야이므로 가맹거래사 등 전문가의 조언을 받는 것을 권장합니다. 귀하가 과거 사업경력이 없는 경우 관련 업종에서 경험을 쌓아 경영 수행 능력을 갖출 필요가 있습니다. 마지막으로 사업 초기에 많은 자금이 소요되므로 귀하의 재정상태를 확실히 점검한 다음 창업에 임하시기 바랍니다.

서울시 관악구 남현동 1060-4 동일빌딩 5층 미창조(주)

가맹사업부 Tel : 02-588-1837 Fax : 02-588-1839

riahn1004@naver.com www.riahn.co.kr

RIAHN
variety network hair castle

<목 차>

RIAHN
variety network hair castle

Ⅰ. 당사의 일반현황

1. 가맹본부의 설립일과 사업자등록일

당사의 설립일과 사업자등록일은 다음과 같습니다.

설립일	법인설립등기일	사업자등록일	사업자등록번호
2001.07.26	2001.07.26	2001.07.30	미창조(주) 사업자등록번호 119-81-49290 법인등록번호 110111-2295172

2. 가맹본부 및 가맹본부의 특수관계인의 일반 정보

당사 및 당사의 특수관계인의 일반 정보는 다음과 같습니다.

구분	명칭(이름)	상호	영업표지	주소
가맹본부	미창조(주)	미창조(주)	리안	서울시 관악구 남현동 1060-4 동일빌딩 5 층
특수관계인 (임원)	유상준 대표이사	대표자	대표번호	팩스번호
	김미현 이사	유상준	02-588-1837	02-588-1339
	박희숙 이사			
	이청근 이사			
	김수동 이사			
	권오희 감사			

3. 가맹본부의 인수·합병 내역

당사는 최근 3 년 동안 가맹사업을 경영한 적이 있거나 가맹사업을 경영하고 있는 다른 기업을 인수·합병(가맹사업 관련 사업 양도·양수 포함)하거나 다른 기업에 인수·합병된 적이 없습니다.

RIAHN
variety network hair castle

4. 가맹희망자가 앞으로 경영할 가맹사업의 내용

귀하는 앞으로 아래 표에 따른 가맹사업을 경영하게 됩니다.

구 분	내 용	추가 설명
명 칭	리안	-
상 호	리안 OO점	당사는 보통 해당 지역 명을 사용하고 있습니다.
상표(서비스표)	RIAHN	서비스표 등록번호: 410084827 자세한 내용은 1-9 를 참고하시기 바랍니다
영업표지	RIAHN variety network hair castle	-

5. 최근 3개 사업연도의 재무상황에 관한 정보

1) 연도별 대차대조표 및 손익계산서

당사의 최근 3년 동안의 재무상황은 다음과 같습니다.

(단위: 천원, VAT 미포함)

연도	총자산	총부채	총자본	매출액	영업 이익	당기 순이익
2009년	785,426	280,341	505,085	1,154,509	29,922	25,289
2010년	1,068,969	420,689	648,279	1,451,167	163,334	143,194
2011년	1,320,857	498,651	822,205	1,577,127	197,774	173,925

2) 연도별 가맹사업 관련 매출액과 구체적인 산정기준

당사는 가맹사업 외에 다른 사업을 영위하고 있지 않으므로 상기 1)의 매출액과 동일합니다.

6. 가맹본부의 임원명단 및 사업경력

당사의 현 임원의 명단 및 정보공개일 현재 최근 3년 동안의 개인별 사업경력은 다음과 같습니다.

서울시 관악구 남현동 1060-4 동일빌딩 5층 미창조(주) Tel 02-588-1837

- 4 -

RIAHN variety network hair castle

관련여부	이름	사업경력		
		기간	직위	담당 업무
가맹사업 관련 임원	유상준	2001.07.26~현재	미창조(주) 대표이사	회사업무총괄
가맹사업 비관련 임원	김미현	2010.03.31~현재	미창조(주) 이사	경영지원업무
	박희숙			
	이청근			
	김수동			
	권오희		미창조(주) 감사	감사업무

7. 바로 전 사업연도 말 임직원 수

당사의 작년 말 임직원 수는 다음과 같습니다.

시점	임원수(명)		직원수(명)
	상근	비상근	
2011년 12월 31일	1	5	8

8. 가맹본부 및 가맹본부의 특수관계인의 가맹사업 경영 사실

당사 및 당사의 특수관계인은 정보공개일 현재 최근 3 년 동안 가맹사업을 경영하였거나 경영하고 있지 않습니다.

9. 사용을 허용하는 지식재산권

당사가 귀하에게 사용을 허용하는 지식재산권은 다음과 같습니다.

명칭	권리내용	출원일 등록일	출원번호 등록번호	소유자 (등록신청자)	존속기간 만료일
RIAHN (상표권)	가맹점 상호로 사용	출원일 2001.08.21 등록일 2003.03.25	출원번호 제 4120010016013 등록번호 제 4100848270000	미창조(주)	2013.03.25.

*귀하가 허용된 범위를 벗어나 당사의 지식재산권을 사용할 경우에는 민형사상 책임을 질 수 있으니 주의하여야 합니다.

RIAHN
variety network hair castle

Ⅱ. 가맹본부의 [리안] 가맹사업 현황

1. 해당 가맹사업을 시작한 날(가맹점 오픈일) : 2001 년 07 월 26 일

2. 해당 가맹사업의 연혁

가맹본부 상호	영업표지	대표자	가맹사업 경영 기간	주된 사무소 소재지
미창조(주)	리안	유상준	2001.07.26~현재	서울시 관악구 남현동 1060-4

3. 최근 3년간 사업연도 말 [리안] 가맹점 및 직영점의 총 수

당사의 최근 3년간 사업연도 말의 가맹점 및 직영점의 총 수는 다음과 같습니다.

지역	2009.12.31			2010.12.31			2011.12.31		
	전체	가맹점	직영점	전체	가맹점	직영점	전체	가맹점	직영점
전체	140	140	-	164	164	-	173	173	-
서울	60	60	-	67	67	-	67	67	-
인천	17	17	-	17	17	-	18	18	-
경기	47	47	-	60	60	-	66	66	-
부산	-	-	-	-	-	-	-	-	-
대구	-	-	-	-	-	-	-	-	-
광주	3	3	-	7	7	-	7	7	-
대전	3	3	-	3	3	-	3	3	-
울산	-	-	-	-	-	-	-	-	-
강원	2	2	-	2	2	-	-	-	-
충북	1	1	-	-	-	-	-	-	-
충남	2	2	-	2	2	-	3	3	-
전북	-	-	-	1	1	-	1	1	-
전남	3	3	-	3	3	-	3	3	-

서울시 관악구 남현동 1060-4 동일빌딩 5층 미창조(주) Tel 02-588-1837

- 6 -

경북	1	1	-	1	1	-	1	1	-
경남	1	1	-	1	1	-	4	4	-
제주	-	-	-	-	-	-	-	-	-

4. 최근 3년간 [리안] 가맹점 수

당사의 최근 3년간 사업연도 말의 가맹점 수는 다음과 같습니다.

연도	연초	신규개점	계약종료	계약해지	명의변경	연말	증감
2009	123	20	-	3	11	140	+17
2010	140	42	-	18	11	164	+24
2011	164	27	-	18	20	173	+9
합계	-	89	-	39	42	-	+50

5. [리안] 외에 가맹본부가 경영하거나 특수관계인이 경영하는 가맹사업 현황

당사 및 당사의 특수관계인은 [리안] 외에 다른 가맹사업을 운영하고 있지 않습니다.

6. 가맹점사업자의 연간 평균 매출액과 그 산정기준

당사의 가맹점사업자 한 명이 2011년에 올린 매출액은 해당 서비스 업종의 특성상 각 매장의 할인 정도가 다르고 현금비중도 높아 협조를 얻을 수 없고, 당사가 가맹점에 공급한 물품 또한 개점초기 초도물품을 제외하면 매출과 관련된 염모제, 샴푸류 등은 미용제품 전문업체를 통해 가맹점이 직접 거래하고 있어 일반적인 방법(POS데이터 자료, 가맹점에 공급하는 물품으로 가맹점의 매출액을 역산)으로 매출을 추정하기가 어렵습니다. 이에 2011년 가맹점사업자 한 명이 올린 매출액을 산정할 수 있는 근거자료가 없어 정보공개서에 해당 내용을 기재하지 않았습니다. 차후 매출액을 추정할 수 있는 근거자료가 마련되면, 정보공개서를 즉시 변경하도록 하겠습니다.

7. 지사의 일반 정보

당사는 정보공개일 현재 지사를 두고 있지 않습니다.

RIAHN variety network hair castle

8. 광고 • 판촉 지출 내역

당사에서 [2011년]에 [리안]과 관련하여 광고비 및 판촉비로 사용한 금액은 총 [12,981] 천원이며, 구체적 내역은 다음과 같습니다.

(단위: 천원, VAT 미포함)

구분	수단	기간	지출 비용			비고
			합계	가맹본부	가맹점	
광고 및 판촉	잡지/신문	연중	12,981	12,981	-	-

9. 가맹금 예치 기관

귀하가 당사와 계약을 체결하기 위하여 가맹금을 지급하는 경우에는 하나은행에 예치하여야 합니다. 당사와 계약을 체결한 가맹금 예치기관은 다음과 같습니다.

하나은행

예치기관 상호	담당지점	주소	전화번호
하나은행	이촌중앙지점	서울시 용산구 이촌동 300-20	02-793-1111

***자세한 예치 방법은 다음과 같습니다.**

귀하가 당사와 계약을 체결할 경우 가맹금을 예치하는 절차와 구비서류는 다음과 같습니다.

항 목		내 용
에스크로 이용 시	하나은행 계좌 있는 사업자	①하나에스크로(hanaescrow.com)에 가입 후 로그인 → ②"조회센터"클릭 → ③"프랜차이즈B2B"클릭 → ④주민/사업자 번호입력 → ⑤공인인증서로 로그인 → ⑥"가맹본부명" 선택클릭 → ⑦약관 및 가맹점사업자 정보입력하고 공인인증서로 전자서명하면 가입완료 → 가맹금입금계좌번호로 입금
	하나은행 계좌 없는 사업자	하나은행 계좌 개설 후 위의 절차 실행
영업창구 이용 시		① 가맹계약 체결 및 예치신청서 교부 → ② 은행명입력방문 → ③ 가맹금예치신청서 제출 및 가맹금 입금 → ④ 가맹금예치증서 교부받아 보관
계좌 개설시 필요서류	본인이 개설시	① 가맹금예치신청서(가맹본부 발행) ② 실명확인증표(신분증)
	대리인 개설시	① 가맹금예치신청서(가맹본부 발행) ② 실명확인증표(신분증) ③ 위임장 ⑤ 대리인 실명확인증표(신분증)

서울시 관악구 남현동 1060-4 동일빌딩 5층 미창조(주) Tel 02-588-1837

- 8 -

RIAHN
variety network hair castle

가맹금 예치와 관련하여 가맹점 사업자가 알아 두어야 할 사항

1. 가맹점사업자가 영업을 시작하거나 가맹계약 체결일부터 2 개월이 지난 경우에는 이 가맹예치금은 가맹본부에 지급됩니다.
2. 다만, 다음의 경우에는 가맹금의 지급이 보류됩니다.
   가. 가맹점사업자가 예치 가맹금을 반환받기 위하여 소를 제기한 경우
   나. 가맹점사업자가 예치 가맹금을 반환받기 위하여 알선, 조정, 중재 등을 신청한 경우
   다. 가맹점사업자가 가맹금반환 사유가 발생하여 가맹본부를 공정거래위원회에 신고한 경우
3. 2 번의 가~다의 조치를 취한 경우 그 사실을 예치기관에 서면으로 통보하여야 합니다. 그렇지 않은 경우 예치가맹금은 가맹본부에 지급될 수 있습니다.

10. 가맹점사업자피해보상보험 등의 체결 내역

당사는 하나은행과 가맹금예치제를 실시하고 있으므로 가맹점사업자피해보상보험을 체결하고 있지 않습니다.

RIAHN
variety network hair castle

III. 가맹본부와 그 임원의 법 위반 사실

1. 공정거래위원회의 시정조치

당사와 당사의 임원은 정보공개일 현재 최근 3 년 동안 가맹사업거래와 관련하여 가맹사업거래의 공정화에 관한 법률 또는 독점규제 및 공정거래에 관한 법률을 위반하여 공정거래위원회로부터 시정조치를 받은 사실이 없습니다.

2. 민사소송 및 민사상 화해

당사와 당사의 임원은 정보공개일 현재 최근 3 년 동안 가맹사업거래와 관련하여 가맹사업거래의 공정화에 관한 법률 또는 독점규제 및 공정거래에 관한 법률을 위반하거나, 사기·횡령·배임 등 타인의 재물이나 재산상 이익을 영득 또는 이득하는 죄와 관련된 민사소송에서 패소의 확정판결을 받았거나, 민사상 화해를 한 사실이 없습니다.

3. 형(刑)의 선고

당사와 당사의 임원은 정보공개일 현재 최근 3 년 동안 사기·횡령·배임 등 타인의 재물이나 재산상 이익을 영득 또는 이득하는 죄를 범하여 형의 선고를 받은 사실이 없습니다.

서울시 관악구 남현동 1060-4 동일빌딩 5 층 미창조(주) Tel 02-588-1837

- 10 -

RIAHN
variety network hair castle

IV. 가맹점사업자의 부담

1. 영업개시 이전의 부담

귀하가 [리안] 가맹사업을 시작하기 위해서는 아래와 같은 비용부담이 필요합니다. 이 금액에는 귀하가 지불하여야 하는 [점포의 임대비용 등]이 제외되어 있습니다. 또한, 귀하가 운영하게 될 점포의 위치 및 규모, 내부 설비의 종류, 영업 시작까지 걸리는 시간 등이 상이하므로 실제 지불하는 금액과는 차이가 있을 수 있습니다.

1) 최초 가맹금은 다음 표의 내용과 같습니다.

구분	금액 (VAT 포함)	지급 기한	비고
가맹비	1,100 만원	계약 체결 시 (영업개시일에 받는 곳은 영업개시일)	-가입비(가맹비의 10%) -점포실사(가맹비의 10%) -시스템사용 대가(가맹비의 10%) -개점 전 서비스/운영교육(가맹비의 30%) -오픈 및 운영을 위한 정보 및 자료제공 (가맹비의 30%) -오픈 지원(가맹비의 10%)

***반환조건**: 가맹사업법 제 10 조의 경우에는 일부 반환될 수 있음
***반환될 수 없는 사유**: 가맹점 오픈을 위하여 소멸되는 비용으로 반환 안됨

2) 보증금액

계약 종료 시 전액이 귀하에게 반환되는 대가입니다. 다만, 귀하의 귀책사유가 있는 경우에는 그러하지 않습니다.

구분	금액	가맹점사업자의 귀책사유
보증금	500 만원 (VAT없음)	계약이 기간만료 또는 해지로 종료된 때에는 상품/자재의 대금 등 가맹계약상의 이행 및 채무 또는 손해배상액의 지급이 있는 경우 보증금과 상계 후 잔여금액을 정산서와 함께 귀하가 계약종료 후의 조치사항을 이행한 날로부터 즉시 상환합니다.

3) 예치가맹금(또는 피해보상금)의 범위와 그 금액

가맹사업거래의 공정화에 관한 법률에 따라 예치가맹금(또는 피해보상금)의 범위는 다음과 같습니다.

RIAHN
variety network hair castle

<table>
<tr><th rowspan="2">구분</th><th colspan="2">금액(VAT포함)</th></tr>
<tr><th>신규 가입자</th><th>기존 가맹점 양수자</th></tr>
<tr><td>합계</td><td>1,600만원</td><td>1,050만원</td></tr>
<tr><td>가맹비</td><td>1,100만원</td><td>550</td></tr>
<tr><td>보증금</td><td>500만원(VAT없음)</td><td>500만원(VAT없음)</td></tr>
</table>

4) 귀하가 그 밖에 지급하여야 하는 비용을 자세히 나누면 다음 표의 내용과 같습니다.

(단위: 만원, VAT 포함)

<table>
<tr><th rowspan="2">구분</th><th rowspan="2">지급대상</th><th colspan="2">금액
132 ㎡기준(약 40 평)</th><th rowspan="2">반환조건 및 반환될 수 없는 사유</th><th rowspan="2">비고</th></tr>
<tr><th>A 타입</th><th>B 타입</th></tr>
<tr><td>총계</td><td>-</td><td>6,770</td><td>8,245</td><td>-</td><td>매장상황 및 점주선택에 따라 변동될 수 있는 금액은 제외</td></tr>
<tr><td>인테리어</td><td>포유디자인, 디자인나무, 디자인필</td><td>6,000</td><td>7,200</td><td rowspan="3">당사의 귀책사유가 없는 한 시공 및 공급 이후에는 반환될 수 없음</td><td>A : 3.3m²당 150
B : 3.3m²당 180</td></tr>
<tr><td>간판</td><td>포유디자인</td><td>440</td><td>715</td><td>A :일반 플랙스(1 회배 14)
B :입체형 간판(1 자당 30)</td></tr>
<tr><td>초도물품</td><td>가맹본부</td><td>330</td><td>330</td><td>-</td></tr>
<tr><td>별도금액</td><td>자체조달 및 가맹본부</td><td colspan="3">철거, 가스증설, 냉난방기, 소방설비 외장, 전기증설, 화장실, 전화기 등</td><td>매장상황 및 점주선택에 따라 변동될 수 있는 금액</td></tr>
</table>

① 위 표의 금액은 그 동안의 경험을 토대로 추정한 것으로 실제 지불금액과는 다를 수 있습니다. 정확한 금액은 계약체결 시 매장실측 후 별도로 안내하고 있습니다. 협력업체의 일정 및 품질에 따라 지급대상은 변동될 수 있습니다.

② 개점을 위해 필요한 모든 품목은 가맹사업 전체의 통일성과 독창성을 유지할 수 있도록 당사가 정한 매뉴얼 및 사양에 따라 설치/구매하여야 합니다. 직접 설치/구매 시 3.3m²당 (22만원,VAT포함)의 도면비, 감리비가 청구됩니다. 품목 일부를 직접 설치/구매할 경우 계약체결 시 당사와 별도 협의합니다.

5) 가맹점 입지 선정 주체 및 선정 기준

당사는 신규 가맹점 입지를 다음과 같이 정하고 있습니다.

RIAHN
variety network hair castle

선정 주체	선정 기준	비고
가맹희망자	**점포 미보유 시 :** 상담을 통하여 가맹희망자가 원하는 지역 파악 → 현장 조사 등 시장 분석 → 최적의 입지 도출 → 가맹희망자에게 동의 여부를 구함 **점포 보유 시 : 최소점포기준 82.5m²(약 25 평)** 당사 브랜드와의 적합성 판단	당사는 귀하에게 그 동안의 경험을 토대로 입지에 대한 조언을 드릴 수 있습니다. 다만, 최종 의사결정권은 귀하에게 주어집니다.

6) 가맹점사업자와 그 종업원의 채용 및 교육 기준

당사와 계약을 체결하여 교육을 받거나 귀하가 운영하는 가맹점에 종업원을 채용하기 위하여 필요한 조건은 다음과 같습니다.

구분	계약 기준	교육 · 채용 기준
가맹점사업자	국외여행에 결격사유가 없을 것	미용사 자격증 소유할 것
종업원	특별한 기준 없음	특별한 기준 없음

7) 가맹점 운영에 필요한 설비 등의 내역 및 공급방법 · 공급업체

(점포규모 : 132 m²기준)

구분	세부내역	공급업체	공급방법
인테리어	목공사, 도장공사, 설비공사, 조명공사, 방수공사, 전기공사, 벽공사, 타일공사 등	포유디자인, 디자인나무, 디자인필	별도계약
간판	전면간판, 입간판, 내부 사인물	포유디자인	
POS	포스, 카드단말기, 돈통, 영수증, 프린터, 전자서명패드	스카이C&S	
초도물품	별첨 2 참고	가맹본부	가맹계약에 포함
별도	철거, 화장실, 냉난방기, 소방설비, 외장, 전기증설, 가스증설, 전화기 등	자체조달 및 가맹본부	별도계약

*상기 내역은 매장상황에 따라 변동될 수 있습니다. 자세한 내용은 귀하의 점포 실측 후 계약체결 시 별도로 안내하고 있습니다.

RIAHN
variety network hair castle

2. 영업 중의 부담

1) 비용부담

귀하는 영업을 시작한 후에 다음과 같은 비용을 부담하여야 합니다.

구분	지급대상	금액(VAT포함)	지급기한 및 방법	반환조건 및 반환될 수 없는 사유
광고/판촉비	가맹본부	자세한 내용은 V-9-1)을 참고하시기 바랍니다.		광고 실시 이후에는 반환되지 않음
개점 후 교육비	가맹본부	자세한 내용은 (VII-1)을 참고하시기 바랍니다.		교육 실시 이후에는 반환되지 않음
영업표지 변경에 따른 비용	가맹본부	BI · CI를 개발 및 투자등에 소요되는 비용은 당사가 부담하고, 귀하의 가맹점 내의 간판 변경, 설비 변경 등의 비용은 귀하와 협의하여 분담합니다.	영업표지 변경 시	변경설치 된 이후에는 반환되지 않음
POS	스카이C&S	월 15만원	익월 5일 당사에 지급	시스템 관리비로 반환되지 않음
로열티	가맹본부	132㎡미만 월 55만원 132㎡이상 월 66만원	당월 10일 당사에 지급	영업표지의 사용대가 및 가맹점 관리비용으로 반환되지 않음
교육훈련비	가맹본부	55만원 ~ 110만원	교육실시 10일 전	소멸성 비용으로 교육 후 반환 안됨

2) 가맹점사업자에 대한 감독

당사는 가맹점 운영의 지원, 통제, 관리를 위한 점포상태를 점검 시 정기적 또는 부정기적으로 점포를 방문하고 당사의 가맹점 관리기준에 위반하는 결과에 대해 시정을 요구할 수 있습니다. 또한 귀하는 가맹점 운영과 관련된 자료를 보관하고 당사의 청구가 있으면 이를 성실하게 제공해야 합니다. 이를 위한 자료(재고관리, 회계처리 관련 등)의 확인과 기록을 위하여 귀하는 당사의 직원이 점포에 출입하여 조사하는 것을 허용하여야 합니다.

3. 계약 종료 후의 부담

1) 계약연장이나 재계약 과정의 추가 부담

귀하가 계약이 종료된 후에 연장(갱신, 재계약을 포함한다)하기 위해서는 귀하가 부담하셔야 할 재가맹비는 없습니다. 다만, 당사의 필요에 의하여 점포를 이전할 경우 그 이전비용은 해당 사유를 감안하여 귀하와 협의하여 결정합니다.

2) 가맹본부의 사정에 의한 계약 등의 종료 시 조치사항

가. 가맹본부가 가맹사업을 다른 사업자에게 양도하는 경우 기존 가맹점사업자와의 계약승계 여부

당사가 가맹사업을 다른 사업자에게 양도하는 경우 당사는 귀하에게 30 일 전에 해당 사실을 알립니다. 귀하는 계약을 종료하고자 하는 경우 양도일을 기준으로 20 일 이전에 당사에 해당 사실을 서면으로 통보하여야 합니다. 양수한 사업자와의 계약관계 유지를 원할 경우에는 가맹계약을 유지할 수 있습니다. 다만, 동의를 하지 아니하는 경우에는 당사와 체결한 가맹계약을 종료하고 계약관계를 청산할 수 있습니다. 이때 귀하는 잔여 가맹계약기간을 고려하여 일부 가입비의 반환을 요청할 수 있습니다.

나. 가맹본부가 사용을 허락한 지식재산권의 유효기간이 만료되는 경우 조치사항

당사가 보유한 지식재산권의 유효기간이 만료되는 경우 당사는 가맹점을 보호하기 위해 유효기간을 연장하는 것을 원칙으로 한다. 다만, 당사가 지식재산권을 보유하지 않고 제 3 자로부터 지식재산권 사용을 허락 받은 경우에는 제 3 자와 당사의 계약해지에 의해 지식재산권의 사용이 만료될 수 있습니다. 만료될 경우 당사는 해당일로부터 20 일 이전에 귀하에게 해당 사실을 알리고, BI · CI 를 개발 및 투자 등에 소요되는 비용은 당사가 부담하고, 귀하의 가맹점 내의 간판 변경, 설비 변경 등의 비용은 귀하와 협의하여 부담합니다.

다. 가맹본부가 해당 가맹사업을 중단하는 경우 조치사항

당사는 원칙적으로 가맹계약이 종료될 때까지 가맹사업을 중단하지 않습니다. 다만, 당사가 정당한 사유 없이 가맹사업을 중단할 경우 귀하는 당사에게 가맹계약의 잔여일수를 기준으로 안분한 가입비의 반환을 요청할 수 있습니다.

3) 가맹점 운영권 양도 과정의 부담

계약기간 중 귀하가 영업을 양도하고자 할 경우 사전에 당사의 승인을 받아야 합니다. 당사의 승인을 받은 양수인이 귀하의 잔여 계약(갱신요구)기간을 인정받는 **양수가맹계약**을 체결하는 경우 당사에 가입비, 점포실사에 대한, 시스템사용에 대한 대가를 제외한 가맹비(550 만원, VAT 포함, 보증금(500 만원, VAT 없음)을 납입하고 당사가 실시하는 개점 전 교육을 반드시 이수 받아야 합니다. 다만, 양수인이 귀하의 잔여 갱신요구기간이 아닌 갱신요구기간(10 년)을 새롭게 부여 받고자 하는 경우에는 가맹비(1,100 만원, VAT 포함), 보증금(500 만원, VAT 없음)을 납입하여 **신규계약**을 체결할 수 있습니다. 귀하는 원활한 양도양수를 위하여 양수인에게 회사의 제도, 규약, 금전적 지급의무 등을 설명하는 등 최대한 협조하여야 합니다.

RIAHN
variety network hair castle

4) 계약 종료 후의 조치 사항

① 귀하는 가맹계약의 기간이 만료되거나 해지되었을 경우에 "리안"임을 알 수 있는 영업표지의 사용을 중단하고 즉시 철거하여야 합니다. 또한 전화번호 등록(114 등록 및 온라인 포털사이트 내 지역정보) 및 기타 홍보사이트를 삭제하여야 합니다.

② 귀하는 가맹점 운영에 관한 모든 관계서류(계약서, 매뉴얼 등)를 반환 하거나 즉시 폐기하여야 합니다.

③ 귀하는 계약 유효기간 동안이나 혹은 종결 후에도 경쟁 관계에 있는 자에게 영업내용이나 고객을 넘겨주는 행위를 하여서는 아니 됩니다.

④ 당사의 귀책사유로 계약이 해지되어 귀하가 당사 또는 당사가 지정한 자로부터 공급받은 물품을 반품하고자 하는 경우, 귀하는 물품의 오·훼손 등 관리상태, 유통기한 등을 고려하여 공급받은 물품의 일부를 당사와 협의하여 반품할 수 있습니다.

V. 영업활동에 대한 조건 및 제한

가맹사업의 중요한 특징 중의 하나는 서비스의 표준화를 통해 고객에게 통일된 이미지를 심어주어 고객이 언제 어느 가맹점을 가도 같은 서비스를 느낄 수 있도록 고객의 편의성을 증대시키는 것입니다. 나아가 고객의 브랜드충성도, 브랜드신뢰도를 제고시켜 전체 가맹점사업자의 공동발전을 추구하는 것입니다. 따라서 귀하는 당사와 가맹계약을 체결하게 되면 사업의 동일성 유지를 위하여 영업활동에 일부 제한을 받을 수 있습니다. 따라서 앞으로 기재된 내용을 신중히 살펴보시기 바랍니다.

1. 물품 구입 및 임차

당사가 귀하에게 특정한 거래상대방과 거래할 것을 요구 또는 권유하는 거래대상물의 품목은 다음과 같습니다.

구분	세부내역	공급업체	필수/선택	요구/권유
인테리어		포유디자인, 디자인나무, 디자인필	필수	권유
간판		포유디자인		
POS		스카이C&S		
당사의 PB 제품 및 "리안" 가맹사업의 주된 품목		가맹본부		요구
별도	철거, 화장실, 냉난방기, 소방설비, 외장, 전기증설, 가스증설, 전화기 등	자체조달 및 가맹본부	필수	권유

*당사는 경영환경의 변화 등으로 필요한 경우 위 표에 기재된 상품, 용역 외에 다른 품목도 추가할 수 있습니다.

2. 거래요구 또는 권장의 대가 내역

당사는 [리안]의 가맹점사업자로 하여금 상품 또는 용역을 특정한 거래상대방에게 거래하도록 주선하여 특정한 거래상대방이나 가맹점사업자에게 알선의 대가를 수수하지 않습니다.

3. 신용 제공 등 내역

해당사항 없음

RIAHN
variety network hair castle

4. 서비스, 거래상대방, 가격 결정

1) 가맹점사업자가 취급하는 서비스의 판매

① 당사와 귀하는 고객에게 동일한 영업이미지로 브랜드 충성도 및 브랜드 신뢰도를 제고하기 위하여 서비스의 동질성 확보는 필수적인 부분으로, 귀하는 개점 전 당사가 지정한 서비스만 판매해야 합니다. 지정된 서비스를 판매하지 않거나, 지정된 서비스 외 다른 서비스를 판매하려는 경우에는 당사에 정당한 사유를 서면으로 통지하여 승인을 받아야 합니다.

② 당사가 귀하에게 개점 전 지정한 서비스 외에도 가맹사업의 개선, 고객니즈의 변화, 시장상황, 경쟁업체의 출현 등 경영환경의 변화 등으로 필요한 경우 가맹사업 전체의 경쟁력을 제고하기 위한 노력으로 기존 서비스의 변경 또는 추가를 요구할 수 있습니다. 이 경우 가맹점사업자의 동의를 미리 얻도록 하고 있으며, 동의가 없는 경우에는 본 정보공개서의 내용에 따라 사업을 진행합니다.

취급하는 서비스의 제한	위반 시 책임
V-4-3)의 서비스명 외	계약해지의 사유가 될 수 있습니다.

2) 거래상대방에 따른 물품의 판매

귀하는 당사가 공급한 물품을 타 브랜드 가맹점에 공급하거나, 기타 자영업자 등 당사와 계약한 귀하의 점포가 아닌 다른 곳에 공급하는 등의 행위를 하여서는 아니 됩니다. 다만, 인근 [리안] 가맹점사업자의 물품 부족 비상 시에는 당사의 승인을 얻어 공급할 수 있습니다.

3) 가맹점사업자의 가격 결정

당사는 관련업계 시장이나 소비자의 동향 그리고 다른 경쟁업체와의 경쟁 등을 고려하여 가장 적절하고 합리적이라고 생각되는 가격을 귀하에게 권장하고 있습니다. 귀하가 당사가 정한 권장 가격과 다른 가격으로 판매를 하려는 경우에는 사전에 당사와 협의해주시기 바랍니다.

CUT		DRY	
항 목	가격	항 목	가격
어린이 컷	12,000 ~	기본 드라이	12,000 ~
남성 컷	15,000 ~	셋팅 드라이	15,000 ~
여성 컷	18,000 ~	업 스타일	18,000 ~

PERM		COLOR	
항 목	가격	항 목	가격

일반 펌	60,000 ~	기본컬러	60,000 ~
셋팅, 매직, 디지털	80,000 ~	헤나 외	80,000 ~
볼륨매직	120,000 ~	-	-

5. 영업지역 보호

1) 영업지역 보호 제도 유무와 독점적·배타적 영업지역 설정 여부

당사는 영업지역과 관련하여 기본적으로 다음과 같은 방침을 갖고 있습니다.

영업표지	영업지역 제도 운영 여부	독점적·배타적 영업지역 여부
리안	O	X (직영점이나 다른 가맹점 설치 가능)

2) 영업지역의 설정 기준과 변경 가능성 및 그 사유

당사는 영업지역과 관련하여 기본적으로 다음과 같은 방침을 갖고 있습니다.

설정 기준	변경 가능 여부	변경 사유
직경 1 km (계약체결 시 지도로 표시)	가능	역세권(각 출구), 아파트(1,000 세대) 단지, 백화점, 대형마트, 대형쇼핑몰, 종합병원, 대학가 등의 객관적인 독립상권 형성이 가능한 경우

*해당 독립상권(변경사유)이 존재하는 경우 해당 상권에 1 개의 직영점이나 다른 가맹점 설치 가능

3) 영업지역을 재조정(변경)하는 경우의 절차

구분	재조정 절차
계약기간 내	변경사유 발생 → 당사 담당팀 검토 → 영업지역 변경사유 및 조정안 통보 → 가맹점사업자와 협의 → 영업지역 변경 완료
갱신 시	재조정 사유 발생 → 당사 담당팀 검토 → 가맹계약 만료 180 일~90 일 사이에 영업지역 변경 사유 및 조정 서면 통보→ 가맹점사업자와 협의→영업지역 변경 완료

RIAHN
variety network hair castle

4) 영업지역 밖의 고객에게 상품이나 용역을 판매하는 데에 따르는 제한

당사는 귀하가 다른 가맹점사업자의 영업지역의 고객과 거래하는 경우 당사가 두 가맹점사업자 간의 보상금 지불에 대한 중재안을 제시하는 행위를 할 수 있습니다.

5) 그 밖의 영업지역에 관한 내용

해당사항 없음

6. 계약기간, 갱신 • 연장 • 종료 • 해지 • 수정

1) 가맹계약의 기간

① [리안] 가맹사업의 계약기간은 계약 체결일로부터 [3]년입니다.

② 계약갱신 시 계약기간은 [3]년씩 연장됩니다.

2) 계약 갱신거절 사유

계약기간 종료 시 다음의 어느 하나에 해당하는 경우 당사는 귀하의 계약 갱신요구를 거절할 수 있습니다.

계약 갱신 거절 사유
① 귀하가 가맹계약상의 가맹금 등의 지급의무를 지키지 아니한 경우
② 다른 가맹점사업자에게 통상적으로 적용되는 계약조건이나 영업방침을 귀하가 수락하지 아니한 경우
③ 가맹사업의 유지를 위하여 필요하다고 인정되는 것으로서 다음의 어느 하나에 해당하는 당사의 중요한 영업방침을 귀하가 지키지 아니한 경우 가. 가맹점의 운영에 필요한 점포·설비의 확보나 법령상 필요한 자격·면허·허가의 취득에 관한 사항 나. 판매하는 상품이나 용역의 품질을 유지하기 위하여 필요한 커팅기법 또는 서비스기법의 준수에 관한 사항 다. 당사의 가맹사업 경영에 필수적인 지식재산권의 보호에 관한 사항 라. 당사가 귀하에게 정기적으로 실시하는 교육 • 훈련의 준수에 관한 사항. 다만, 귀하가 부담하는 교육 • 훈련 비용이 같은 업종의 다른 가맹본부가 통상적으로 요구하는 비용보다 뚜렷하게 높은 경우는 제외합니다.

3) 계약 연장이나 재계약에 필요한 절차

① 당사는 귀하가 가맹계약기간 만료 전 180일부터 90일까지 사이에 가맹계약의 갱신을 요구하는 경우 V-6-2)의 사유 없이 이를 거절하지 못합니다.

RIAHN
variety network hair castle

② 귀하의 계약갱신요구권은 최초 가맹계약기간을 포함한 전체 가맹계약기간이 10년을 초과하지 아니하는 범위 내에서만 주어집니다.

③ 당사는 귀하에게 갱신 요구를 거절하는 경우에는 그 요구를 받은 날부터 15일 이내에 귀하에게 거절 사유를 적어 서면으로 통지하여야 합니다.

④ 당사가 거절 통지를 하지 아니하거나 가맹계약기간 만료 전 180일부터 90일까지 사이에 귀하에게 조건의 변경에 대한 통지나 가맹계약을 갱신하지 아니한다는 사실의 통지를 서면으로 하지 아니하는 경우에는 계약 만료 전의 가맹계약과 같은 조건으로 다시 가맹계약을 체결한 것으로 봅니다.

⑤ 다만, 귀하가 계약이 만료되는 날부터 60일 전까지 이의를 제기하거나 당사 또는 귀하에게 천재지변이나 그 밖에 대통령령으로 정하는 부득이한 사유가 있는 경우에는 그러하지 않습니다. "대통령령으로 정하는 부득이한 사유"란 다음의 어느 하나에 해당하는 경우를 말합니다.

1. 당사 또는 귀하에게 파산 신청이 있거나 강제집행절차 또는 회생절차가 개시된 경우
2. 당사 또는 귀하가 발행한 어음·수표가 부도 등으로 지급 거절된 경우
3. 귀하에게 중대한 일신상의 사유 등이 발생하여 더 이상 가맹사업을 경영할 수 없게 된 경우

4) 계약 해지 사유 및 그 절차

아래 표의 계약 해지 사유 중 어느 하나에 해당하는 경우 당사는 귀하에게 2개월 이상의 유예기간을 두고 계약의 위반 사실을 구체적으로 밝히고 이를 시정하지 아니하면 그 계약을 해지한다는 사실을 서면으로 2회 이상 통지하여야 합니다. 상기 절차를 거치지 아니한 가맹계약의 해지는 그 효력이 없습니다. 자세한 내용은 가맹계약서를 참고하시기 바랍니다.

당사의 계약 해지 사유
1. 제 1 조 영업표지의 사용 규정을 위반하는 경우
2. 제 5 조 영업지역의 설정 내용을 준수하지 않는 경우
3. 제 6 조 가맹점사업자의 영업활동 조건에 관한 사항을 준수하지 않는 경우 ① 영업설비/집기 등의 설치 ② 물품의 조달과 관리 ③ 거래상대방에 따른 물품판매의 제한 ④ 서비스판매의 제한 ⑤ 가격결정의 제한 ⑥ 영업시간 및 일수의 제한 ⑦ 유니폼 착용 ⑧ 광고 및 판촉 ⑨ 경업금지 ⑩ 상품공급의 중단 ⑪ 로열티의 납입
4. 제 7 조제 2 항 기존시설의 교체 및 보수를 하지 않는 경우
5. 제 7 조제 3 항 실내장식, 점포확장/축소 및 이전, 외관을 임의로 변경하는 경우
6. 제 8 조 교육, 훈련, 경영지도에 관한 사항을 준수하지 않는 경우
7. 제 9 조 "갑"의 영업비밀을 외부에 유출 및 누설하는 경우
8. 제 14 조 영업의 양도 등에 관한 사항을 준수하지 않는 경우
9. 제 18 조제 2 항 "을"의 요건 변동 시 "갑"에 통지하지 않는 경우
10. "을"이 "갑"에 지급해야 하는 비용을 지급하지 않은 경우
11. "을"이 고의 또는 과실로 "갑"의 명성에 악영향을 미치거나 가맹사업의 통일성을 저해할 경우
12. "을"이 계약체결일로부터 2개월이 지나도록 정당한 사유 없이 오픈을 하지 않는 경우

RIAHN
variety network hair castle

당사 또는 귀하가 가맹사업의 거래를 지속하기 어려운 다음의 어느 하나에 해당하는 경우 2개월의 최고기간 없이 계약을 즉시 해지할 수 있습니다.

계약 즉시 해지 사유
① 당사 또는 귀하에게 파산 신청이 있거나 강제집행절차 또는 회생절차가 개시된 경우
② 당사 또는 귀하가 발행한 어음·수표가 부도 등으로 지불 정지된 경우
③ 천재지변, 중대한 일신상의 사유 등 당사 또는 귀하가 더 이상 가맹사업을 경영할 수 없게 된 경우
④ 귀하가 공연히 허위사실을 유포함으로써 당사의 명성이나 신용을 뚜렷이 훼손하거나 당사의 영업비밀 또는 중요정보를 유출하여 가맹사업에 중대한 장애를 초래한 경우
⑤ 귀하가 가맹점 운영과 관련되는 법령을 위반하여 이를 시정하라는 내용의 행정처분(과징금·과태료 등의 부과처분을 포함한다)을 통보 받고도 행정청이 정한 시정기한(시정기한을 정하지 아니한 경우에는 통보 받은 날부터 10일) 내에 시정하지 않는 경우
⑥ 귀하가 가맹점 운영과 관련되는 법령을 위반하여 자격·면허·허가 취소 또는 영업정지 명령(15일 이내의 영업정지 명령을 받은 경우는 제외한다) 등 그 시정이 불가능한 성격의 행정처분을 받은 경우. 다만, 법령에 근거하여 행정처분을 갈음하는 과징금 등의 부과 처분을 받은 경우는 제외
⑦ 귀하가 당사의 시정요구에 따라 위반사항을 시정한 날부터 1년(계약갱신이나 재계약된 경우에는 종전 계약기간에 속한 기간을 합산한다) 이내에 다시 같은 사항을 위반하는 경우. 다만, 당사가 시정을 요구하는 서면에 다시 같은 사항을 1년 이내에 위반하는 경우에는 2개월 2회의 서면통보의 절차를 거치지 아니하고 가맹계약이 해지될 수 있다는 사실을 누락한 경우는 제외
⑧ 귀하가 가맹점 운영과 관련된 행위로 형사처벌을 받은 경우
⑨ 귀하가 공중의 건강이나 안전에 급박한 위해를 일으킬 염려가 있는 방법이나 형태로 가맹점을 운영하는 경우
⑩ 귀하가 정당한 사유 없이 연속하여 7일 이상 영업을 중단한 경우

5) 계약 수정의 사유, 사전 통보 여부 및 동의 절차

당사는 계약기간 중에 계약서의 내용을 변경하지 않는 것을 원칙으로 합니다. 다만, 변경사유 발생 시에는 귀하와 협의를 거쳐 정하고 있습니다.

서울시 관악구 남현동 1060-4 동일빌딩 5층 미창조(주) Tel 02-588-1837

RIAHN
variety network hair castle

7. 가맹점운영권의 환매 • 양도 • 상속 및 대리행사

1) 가맹점운영권의 환매 및 양도에 필요한 절차

당사는 가맹점운영권 환매제도를 운영하고 있지 않습니다. 귀하가 가맹점운영권을 다른 사업자에게 양도하기 위해서는 사전에 당사에게 서면으로 그 사실을 통지하여야 하고, 당사의 승인이 필요합니다. 자세한 내용은 다음과 같습니다.

양도 절차
가맹점사업자가 서면으로 양도 신청(1 개월 전) → 양도인 면담 → 승인 여부 통지(10 일 이내) → 양도인, 양수인, 가맹본부의 양수도 계약 체결(양수인이 당사에 가입비 및 점포실사에 대한 대가를 제외한 교육비, 보증금 지급)→ 양수인 교육→ 가맹점운영권 이전 완료

*당사는 귀하의 승인청구를 받은 날로부터 10 일 이내에 서면으로 승인 또는 거절을 하여야 합니다. 당사는 정당한 사유 없이 이를 거절하지 않습니다. 단, 거절을 하는 경우에는 그 사유를 구체적으로 명시하여야 합니다.

2) 가맹점운영권의 상속, 대리행사, 위탁 등

가맹점운영권은 원칙적으로 당사와 가맹계약을 체결한 귀하에게 주어집니다. 따라서 개인사정 등으로 가맹점운영권을 다른 사람에게 대리, 위탁하게 하거나 담보설정, 동업이나 전전세를 하기 위해서는 사전에 당사에 서면으로 V-7-1)의 표에 기재된 절차에 따라 그 사실을 통지하여야 하고, 당사의 승인을 받아야 합니다. 다만, 상속의 경우 상속개시일로부터 3 개월 이내에 상속사실을 통지한 후 당사의 승인을 받은 후 교육비를 당사에 지급하고 교육을 이수하여야 합니다.

8. 경업금지, 영업시간 제한, 가맹본부의 영업장 관리 • 감독

1) 경업금지의 범위

리안의 운영 시스템, 디자인 등은 당사가 상당한 시간과 비용, 연구개발 노력 등을 투입하고 수많은 시행착오를 통해 개발된 영업비밀 또는 영업노하우로 계약의 존속 중에 귀하 및 귀하가 제 3 자로 하여금 동일한 업종을 운영하거나 가맹사업을 하여서는 아니 됩니다. 아래와 같이 귀하가 당사와 동일한 업종의 영업을 하는 행위를 금지하고 있습니다.

제한기간	제한업종	제한지역
계약기간 중	당사와 동일한 서비스 상품을 판매하는 업종	국내 전 지역

2) 영업시간 및 영업일수 제한

당사는 [리안]의 영업시간 및 영업일수를 다음과 같이 정하고 있습니다.

영업시간	영업일수	비고
10:00~21:00 (매장에 따라 협의 가능)	주 6일 이상 근무 (단, 법정공휴일 예외)	가맹사업거래의 공정화에 관한 법률 시행령 제15조제9호에 따라 귀하가 정당한 사유 없이 연속하여 7일 이상 영업을 중단한 경우 가맹계약 해지가 될 수 있으므로 주의하시기 바랍니다. 귀하가 개인 사정 등으로 영업을 불가피하게 중단하거나 영업시간을 조정해야 할 경우에는 사전에 당사에 통지하여 주시기 바랍니다.

3) 권장 종업원 수 및 영업장 근무 여부

당사는 귀하가 운영하는 가맹점포(영업장)의 종업원 및 근무 형태를 권장하고 있으며 자세한 내용은 다음과 같습니다.

권장 종업원수	직접 근무 여부
점주 자율	직접 근무

4) 가맹본부의 영업장 관리・감독

당사는 귀하가 운영하는 가맹점포(영업장)를 정기적 또는 부정기적으로 관리・감독하고 있으며 주요 내용은 다음과 같습니다.

구분	내용
Quality(서비스의 표준화)	운영시스템 준수, 자점매입 여부 확인 등
Service(서비스)	고객접대, 종업원 교육 등
Cleanliness(청결)	위생, 청소현황 등

9. 광고 및 판촉 활동

1) 광고의 목적에 따른 가맹본부와 가맹점사업자의 비용분담기준

당사는 [리안]의 브랜드 이미지 제고 및 매출액 증대를 위한 노력으로 광고 및 판촉 활동 필요 시 전국규모 또는 지역단위의 광고 및 판촉을 할 수 있습니다. 비용에 대한 분담 기준은 다음과 같습니다.

서울시 관악구 남현동 1060-4 동일빌딩 5층 미창조(주) Tel 02-588-1837 - 24 -

구분			본사부담	가맹점부담	분담절차
광고	전국광고	브랜드광고	50%	50%	광고 및 판촉행사 실시 30일 전 계획안 공고(가맹점부담액 제시)→ 가맹점의 행사 참여 (정당한 사유가 없는 한 전체적인 브랜드 이미지 제고 및 환기를 위해 반드시 참여하여야 합니다.)
		브랜드 광고 + 가맹점 모집광고	50%	50%	
	가맹점모집광고		100%	-	
	개별광고		-	100%	
판촉	전국판촉		50%	50%	
	개별판촉		-	100%	

*광고 및 판촉활동은 당사는 물론 전체 가맹점사업자의 지속적인 성장과 발전이라는 공동 목표를 위한 것입니다. 귀하는 불참에 대한 부득이한 사유가 있을 경우 광고 및 판촉을 실시하기 20일 전에 당사에 서면으로 통지한 후 승인을 얻어야 합니다.

2) 가맹점사업자의 독자적 광고·판촉 활동

귀하가 자기의 비용으로 스스로 또는 다른 가맹점사업자와 광고 및 판촉활동을 하게 되는 경우 가맹사업의 통일성을 위하여 당사에 사전승인이 필요합니다.

10. 해당 가맹사업의 영업비밀 보호 등에 관한 내용

귀하는 가맹사업계약 기간 중 습득하게 되는 당사의 영업비밀을 당사의 서면 동의 없이 유출, 발설, 공포하거나 귀하의 가맹점 영업 이외의 다른 목적으로는 사용하여서는 안됩니다.

영업비밀의 범위	기간
당사가 제공한 매뉴얼 및 문서의 내용 중 당사가 상당한 시간과 비용을 들여 수많은 시행착오를 통해 취득한 가맹점 영업활동에 유용한 기술상 또는 경영상의 정보	영업비밀 보호 의무는 가맹계약의 유지기간 동안은 물론 해지 및 종료 이후에도 유지됩니다.

11. 가맹계약 위반 시 손해배상에 관한 사항

① 귀하가 당사와 기간의 만료 또는 해지 등으로 계약을 종료한 후 가맹계약서 제 13 조 각 항에서 규정하고 있는 조치사항(영업표지 사용중단 및 철거, 계약서, 매뉴얼 등의 반환 의무 등)을 지키지 않을 경우 귀하는 그 의무불이행의 기간에 대하여 1 일 (20 만원)의 지체배상금을 지급하여야 합니다.

② 귀하는 당사의 귀책사유가 없음에도 계약체결 후 영업개시 전 변심에 의해 계약을 해지하는 경우 귀하는 당사에게 위약벌로 (500 만원)을 지급하여야 하며, 계약 기간 중 귀하가 정당한 사유 없이 영업을 중단 또는 당사의 동의 없이 영업을 양도한 경우 귀하는 당사에게 위약벌로 (1,000 만원)을 지급하여야 합니다.

③ 귀하가 가맹계약서 제 6 조제 9 항 경업금지의무를 준수하지 않을 경우 귀하는 당사에게 위약벌로 (3,000 만원)을 지급하여야 합니다.

④ 귀하가 가맹계약서 제 9 조의 당사의 영업비밀 및 영업노하우를 귀하가 누설 및 유출할 경우 위약벌로 (3,000 만원)을 당사에게 지급하여야 합니다.

⑤ 귀하가 가맹계약서 제 6 조 제 2 항 제 1 호(물품의 조달과 관리)를 위반하는 경우 위약벌로(500 만원)을 "갑"에게 지급하여야 합니다.

⑥ 당사의 지급요청일에 귀하가 지체배상금 및 위약벌을 지체하거나 정보공개서 및 가맹계약서에 기재되어 있는 대금에 대한 지급기간을 경과하면 미지급액에 대하여 당사에게 지급기간 경과일의 다음날로부터 지급하는 날까지 귀하는 연 이율 (20)%의 지연이자를 가산하여 지급하여야 합니다.

⑦ 귀하의 귀책사유 또는 당사의 귀책사유로 인하여 제①항 내지 제⑥항에 의한 위약벌 이외에 추가적인 손해가 발생한 경우 손해를 입은 자는 그 상대방에 대하여 손해배상을 청구할 수 있습니다. 이때 패소한 자는 소송 등으로 소요되는 실비용(인지대, 송달료, 우편료) 및 실제 지출한 합리적인 수준의 변호사보수를 승소한 상대방에게 배상하여야 합니다.

RIAHN
variety network hair castle

VI. 가맹사업의 영업개시에 관한 상세한 절차와 소요기간

1. 가맹점 개점절차 및 비용

귀하가 당사와 가맹계약을 체결할 경우 상담일로부터 실제 가맹점이 개설될 때까지 걸리는 시간 및 필요한 절차는 다음과 같습니다. (매장상황에 따라 변동될 수 있습니다.)

구분	내용	소요기간	금액
합계	-	35~42일 (점포개발 및 상권분석기간 제외)	IV. 가맹점사업자의 부담 1. 영업개시 이전의 부담 1)~4)를 참고하시기 바랍니다.
가맹희망자 상담접수	전화, 홈페이지문의, 방문	7일~14일 (변호사 및 가맹거래사의 자문을 받은 경우 7일)	
사업설명, 상담	-정보공개서 제공 -가맹희망자 상담		
가맹계약체결	-가맹계약서 사전교부 -가맹금 예치 안내	2일	
점포실측 및 도면미팅	-투자비 산출 -도면협의 및 개점스케줄링 확인	3일	
공사 착수	공사 실시	20일	
교육실시	운영 및 서비스 교육 (공사기간 중 실시)	3일	
초도물품 입고	-손님가운 등 입고	2일	
그랜드오픈	-영업시작 -판촉 및 홍보이벤트 -예치가맹금 수령	당일	

*위 표에 따른 소요기간은 그 기간이 줄어들거나 늘어날 수 있습니다.
기간이 늘어날 수 있는 사유의 예
-점포선정이 늦어질 시
-영업신고증, 사업자등록증, 건물준공 등 인허가 사항이 늦어질 시
-가맹점희망자/가맹점사업자와 가맹본부의 협의 시
-종업원 채용이 늦어질 경우

서울시 관악구 남현동 1060-4 동일빌딩 5층 미창조(주) Tel 02-588-1837

RIAHN
variety network hair castle

***가맹거래사나 변호사의 자문을 받는 방법**

「가맹사업거래의 공정화에 관한 법률」에 따라 가맹희망자에게는 정보공개서의 내용을 충분히 검토하고 판단할 수 있도록 일정한 기간이 주어집니다. 따라서 이 정보공개서를 제공받은 날부터 14 일이 지날 때까지는 가맹본부가 귀하로부터 가맹금을 받거나 귀하와 가맹계약을 체결할 수 없습니다. 하지만 귀하가 가맹거래사나 변호사의 자문을 받을 경우 정보공개서를 수령한 날로부터 7 일이 지난 후 가맹계약을 체결할 수 있습니다. 자세한 절차와 방법은 다음과 같습니다.

No.	방법	비고
1	전문가 연락 (방문/전화 등)	귀하가 가맹거래사 or 변호사에게 연락을 취합니다.
2	전문가의 자문	정보공개서 내용에 대해 가맹거래사 or 변호사에게 자문을 구합니다.
3	자문확인서 수령	자문을 받았다는 확인서를 가맹본부 또는 가맹거래사/변호사로부터 수령 후 해당일자를 기재 후 서명 또는 날인을 합니다.
4	가맹본부 제출	가맹본부에게 자문확인서를 제출합니다.
5	가맹계약 체결	귀하는 정보공개서 수령 후 7일 후부터 가맹계약을 체결할 수 있습니다.

2. 분쟁해결 절차

당사와 귀하의 분쟁이 발생한 경우 대화와 협상을 통한 분쟁해결 노력으로 최대한 자율적으로 해결한다. 해결되지 않을 경우 가맹거래사의 자문 또는 가맹사업거래의 공정화에 관한 법률에 따라 한국공정거래조정원에 설치된 가맹사업거래분쟁조정협의회에 조정을 신청할 수 있습니다.

VII. 교육 · 훈련에 대한 설명

1. 교육 · 훈련의 주요내용, 최소시간, 비용

당사는 리안 운영에 필요한 제반 지식 및 노하우를 귀하에게 전수하기 위하여 교육 · 훈련을 실시하고 있습니다. 자세한 내용은 다음과 같습니다.

구분	주요내용	교육방식 및 장소	최소시간	비용 (VAT별도)	필수 여부
신규교육 (개점전)	1. 오리엔테이션 2. 회사소개 3. 살롱워크샵 4. 서비스교육 I 5. 인성특강 6. 마케팅의 이해 7. 전산교육 8. 트랜드워크샵 9. 서비스교육 II	본사내방 합숙/집단강의 /실습교육 (지정 교육장)	3일 10:00 ~ 17:00 (점주 협의하에 변동될 수 있습니다.)	최초 교육비에 포함	필수 교육
정기교육	1. 가맹점주 월 정기세미나 2. 가맹점 전 직원-직무교육	집체교육 or 개별 교육	12일 (1일 6시간)	50만원~ 100만원	필수 교육
특별교육	1. 가맹점 내 시정교육발생 2. 해외기술연수/초청 세미나	집체교육 or 개별 교육	3일 (1일 3시간)	30만원~ 100만원	필수 교육

2. 교육 · 훈련의 주체

교육 및 훈련은 귀하가 직접 받아야 합니다. 다만, 귀하가 직접 받기 어려운 경우에는 당사의 사전 승인을 받아 다른 사람으로 하여금 대신하게 할 수 있습니다. 또한, 가맹계약 당사자가 원하여 당사자 외 직원도 같이 교육을 받게 되면 인원 추가에 따라 비용도 추가됩니다.

3. 교육 · 훈련 불참 시에 받을 수 있는 불이익

① 당사가 귀하에게 제공하는 신규교육의 과정을 이수하지 않거나 귀하 및 귀하의 종업원들의 습득 정도가 낮을 경우 재교육 또는 개점이 연기될 수 있습니다.

② 귀하 및 귀하의 종업원은 당사가 실시하는 정기교육 및 특별교육에 반드시 참석을 해야 합니다. 교육 시 발생되는 실비용은 귀하의 부담을 원칙으로 합니다.

RIAHN
variety network hair castle

별첨1. 재무제표(2009)

표 준 대 차 대 조 표
(일 반 법 인 용)

(단위: 원)

사업자등록번호	119 - 81 - 49290	법인명	미창조 (주)	2009년 12월 31일 현재
법인등록번호	110111 - 2296172			

■ 자산항목

계 정 과 목	코드	금 액	계 정 과 목	코드	금 액
Ⅰ.유동자산	01	398,567,216	4.장기대여금	40	0
(1).당좌자산	02	353,708,523	①관계회사대여금	41	0
1.현금및현금성자산	03	12,323,389	②주주.임원.종업원대여금	42	0
2.단기예금	04	128,500,000	③기 타	43	0
3.유가증권	05	0	5.투자부동산	45	0
4.매출채권	06	132,966,114	6.기 타	49	0
5.단기대여금	07	58,752,213	(2).유형자산	50	150,842,953
①주주.임원.관계회사	08	58,752,213	1.토 지	51	0
②기 타	09		2.건 물	52	0
6.미수금	10	0	3.구축물	53	0
①분양미수금	11	0	4.기계장치	54	0
②공사미수금	12	[illegible]	5.선박 항공기	55	0
③기 타	13	[illegible]	6.차량운반구	56	0
7.선급금	14	[illegible]	[illegible]	57	14,086,943
8.이연법인세자산	73	0	8.건설중인자산	58	0
9.기 타	15	[illegible],807	9.기타	59	130,756,010
(2).재고자산	16	[illegible]	(3).무형자산	60	2,450,120
1.상 품	17	[illegible]	1.영업권	61	0
2.제 품	18	[illegible]	2.산업재산권	62	2,450,120
3.반제품	19	0	3.광업권	63	0
4.재공품	20	0	4.어업권	64	0
5.원재료(원자재)	21	0	5.차지권	65	0
6.가설재	22	0	6.창업비	66	0
7.저장품	23	0	7.개발비	67	0
8.미착상품(미착재료)	24	0	8.사용수익기부자산가액	68	0
9.완성주택	25	0	9.개업비	69	0
10.미완성주택	26	0	10.사채발행비	70	0
11.용지(건설업)	27	0	11.기타	71	0
12.미성공사	28	0	(4).기타비유동자산	75	233,566,500
13.기타	29	0	1.장기매출채권	44	0
			2.장기미수금	76	0
Ⅱ.비유동자산	36	386,859,573	3.장기선급금	77	0
(1).투자자산	37	0	4.보증금	46	233,266,500
1.장기예금	38	0	5.이연법인세자산	47	0
2.장기투자증권	39	0	6.기 타	78	300,000
3.지분법적용투자주식	74	0	자 산 총 계(Ⅰ+Ⅱ)	72	785,426,789

국세청

● 본 증명은 국세청 홈택스(www.hometax.go.kr)에서 「민원증명 원본확인」 메뉴를 통해 문서발급번호로 위·변조 여부를 확인하거나, 문서 하단의 바코드로 확인해 주십시오. 다만 문서발급번호를 통한 확인은 발급일로부터 90일까지 가능합니다.

서울시 관악구 남현동 1060-4 동일빌딩 5층 미창조(주) Tel 02-588-1837

- 30 -

표준대차대조표

(일반법인용) (단위: 원)

사업자등록번호	119 - 81 - 49290	법인명	미창조 (주)	2009년 12월 31일 현재
법인등록번호	110111 - 2295172			

■ 부채 및 자본항목

계정과목	코드	금액	계정과목	코드	금액
I.유동부채	01	280,341,058	III.자본금	41	628,600,000
1.매입채무	02	6,513,800	1.보통주자본금	42	628,600,000
2.단기차입금	03	0	2.우선주자본금	43	0
3.미지급법인세	04	4,313,050	IV.자본잉여금	44	0
4.미지급배당금	05	0	1.주식발행초과금	45	0
5.선수금	06	13,200,000	2.감자차익	46	0
①공사선수금	07	0	3.합병차익	47	0
②분양선수금	08	0	4.재평가적립금	48	0
③기타	09	13,200,000	5.기타자본잉여금	49	0
6.유동성 장기부채	10	[illegible]	V.자본조정	57	0
7.공사손실충당부채	11	0	[illegible]	58	0
8.수선충당부채	12	0	[illegible]	59	0
9.이연법인세부채	72	0	3.자기주식	60	0
10.기타	14	[illegible]4,208	4.[illegible]배당금	61	0
II.비유동부채	15	[illegible]	[illegible]	64	0
1.사채	16	[illegible]	[illegible]	68	0
2.전환사채 등 신종사채	67	0	[illegible]가능증권평가손익	62	0
3.장기차입금	17	0	2.해외사업환산손익	63	0
①관계회사	18	0	3.[illegible]자본변동	69	0
②주주.임원.종업원	19	0	4.파생상품평가손익	70	0
③기타	20	0	5.기타	71	0
4.장기성 매입채무	21	0	VII.이익잉여금	50	-123,514,269
5.퇴직급여충당부채	22	0	1.이익준비금	51	0
6.단체퇴직급여충당부채	23	0	2.기업합리화적립금	52	0
7.장기제품보증충당부채	13	0	3.재무구조개선적립금	53	0
8.기타충당부채	24	0	4.「조세특례제한법」상 준비금	54	0
9.제 준비금	25	0	5.기타임의적립금	55	0
10.이연법인세부채	26	0	6.미처분이익잉여금 또는 미처리결손금	56	-123,514,269
11.장기공사선수금	27	0	자본총계(III+~VII)	65	505,085,731
12.기타	28	0			
부채총계(I+II)	29	280,341,058	부채와 자본총계	66	785,426,789

국세청

◈ 본 증명은 국세청 홈택스(www.hometax.go.kr)에서 『민원증명 원본확인』 메뉴를 통해 문서발급번호로 위·변조 여부를 확인하거나, 문서 하단의 바코드로 확인해 주십시오. 다만 문서발급번호를 통한 확인은 발급일로부터 90일까지 가능합니다.

(4/ 4)

표 준 손 익 계 산 서

(일 반 법 인 용)　　(단위: 원)

사업자등록번호	119 - 81 - 49290	법인명	미창조 (주)	2009년 01월 01일 부터
법인등록번호	110111 2295172			2009년 12월 31일 까지

계 정 과 목	코드	금 액	계 정 과 목	코드	금 액
I.매출액	01	1,164,509,330	2.배당금수익	39	0
1.상품매출	02	191,466,897	3.임대료	40	0
2.제품매출	03	0	4.유가증권처분이익	41	0
3.공사수입	04	0	5.유가증권평가이익	42	0
4.운송수입	05	0	6.외환차익	43	0
5.부동산임대수입	06	0	7.외화환산이익	44	0
6.분양수입	07	0	8.지분법이익	45	0
7.기타매출	08	983,042,433	9.장기투자증권손상차손환입	46	0
II.매출원가	09	171,969,361	10.투자자산처분이익	47	0
(1)상품매출원가	10	171,969,361	11.유형자산처분이익	48	0
1.기초재고액	11	20,362,206	12.사채상환이익	49	0
2.당기매입원가	12	1[illegible],475,844	13.법인세환급액	50	0
3.기말재고액	13	44,868,693	14.[illegible]	51	0
4.타계정대체액	81	[illegible]	15.전기오류수정이익	86	0
(2)제조,공사,임대,분양,운송,기타원가	14	[illegible]	16.[illegible]수증이익	73	0
1.기초재고액	15	[illegible]	17.[illegible]이익	74	0
2.당기총원가(명세 별첨)	16	0	18.[illegible]	75	0
3.기말재고액	17	0	19.기타영업외수익	52	2,734,201
4.타계정 대체액	18	0	VII.영업외비용	53	9,080,170
III.매출총이익	19	[illegible],978	1.[illegible]	54	161,783
IV.판매비와관리비	20	[illegible]	2.[illegible]외비	55	0
1.급여	21	[illegible]	3.[illegible]	56	0
2.퇴직급여(충당금전입액포함)	22	[illegible]	4.[illegible]평가손실	57	0
3.보험료	83	[illegible]4,992,190	5.재고자산감모손실	58	0
4.복리후생비	23	67,[illegible],958	6.외환차손	59	0
5.여비교통비	84	[illegible]84,850	7.외화환산손실	60	0
6.임차료	24	[illegible]7,170,000	8.지분법손실	61	0
7.접대비	25	14,483,600	9.장기투자증권손상차손	62	0
8.감가상각비	26	14,166,282	10.투자자산처분손실	63	0
9.무형(이연)자산상각비	27	0	11.유형자산처분손실	64	0
10.세금과공과	28	1,331,360	12.기부금	65	7,340,000
11.광고선전비	29	10,300,000	13.사채상환손실	66	0
12.차량유지비	85	17,768,755	14.[illegible]	67	0
13.연구비	30	0	15.법인세추납액	68	0
14.경상개발비	31	0	16.준비금 등 전입액	69	0
15.대손상각비(충당금전입액포함)	32	0	17.전기오류수정손실	87	0
16.비분양주택관리비	33	0	18.재해손실	78	0
17.수주비	34	0	19.기타영업외비용	70	1,578,687
18.기타판매비와관리비	35	450,880,846			
V.영업손익	36	29,922,716	VIII.법인세비용차감전손익	80	20,602,782
VI.영업외수익	37	8,760,537	IX.법인세비용	81	4,313,050
1.이자수익	38	6,028,338	X.당기순이익	82	25,280,732

국세청

◆ 본 증명은 국세청 홈택스(www.hometax.go.kr)에서 「민원증명 원본확인」 메뉴를 통해 문서발급번호로 위 번호 여부를 확인하거나, 문서 하단의 바코드로 확인해 주십시오. 다만 문서발급번호를 통한 확인은 발급일로부터 90일까지 가능합니다.

재무제표(2010~2011)

재 무 상 태 표

제 11기 2011년 12월 31일 현재
제 10기 2010년 12월 31일 현재

회사명 : 미청조(주)

(단위 : 원)

과목	제 11(당)기 금액		제 10(전)기 금액	
자산				
I. 유동자산		605,272,515		627,565,939
(1) 당좌자산		511,282,445		543,869,207
현금		91,670		91,670
보통예금		173,175,058		127,391,736
정기예·적금		144,901,640		180,946,000
외상매출금		111,396,297		141,701,931
미수수익		2,058,610		3,772,099
선급금		58,908,600		58,908,600
주·임·종단기채권		20,750,570		30,857,171
(2) 재고자산		93,890,070		83,896,732
상품		93,990,070		83,896,732
II. 비유동자산		715,584,631		441,403,844
(1) 투자자산		208,007,000		58,007,000
투자유가증권		208,007,000		58,007,000
(2) 유형자산		152,051,011		127,870,224
차량운반구	9,815,140		9,815,140	
감가상각누계액	8,352,840	1,462,300	7,151,570	2,663,570
비품	144,658,381		86,883,381	
감가상각누계액	66,478,892	78,179,489	47,881,255	39,002,126
시설장치	125,429,864		125,429,864	
감가상각누계액	53,020,642	72,409,222	39,225,336	86,204,528
(3) 무형자산		2,450,120		2,450,120
특허권		1,202,120		1,202,120
상표권		1,248,000		1,248,000
(4) 기타비유동자산		353,078,500		253,076,500
임차보증금		305,000,000		205,000,000
기타보증금		47,776,500		47,776,500
전신전화가입권		300,000		300,000
자산총계		1,320,857,146		1,068,969,783
부채				
I. 유동부채		493,651,459		420,689,844
외상매입금		19,569,315		33,451,993
미지급금		26,226,274		27,834,636
예수금		2,604,250		2,801,903
부가세예수금		33,312,400		24,823,619
선수금		22,000,000		14,300,000
미지급세금		24,235,220		17,773,693
가맹보증금		365,704,000		298,704,000

2012/04/23 16:57 1/2

서울시 관악구 남현동 1060-4 동일빌딩 5층 미청조(주) Tel 02-588-1837

- 33 -

재 무 상 태 표

제 11기 2011년 12월 31일 현재
제 10기 2010년 12월 31일 현재

회사명 : 미창조(주) (단위 : 원)

과 목	제 11(당)기		제 10(전)기	
	금 액		금 액	
Ⅱ. 비 유 동 부 채		5,000,000		0
임 대 보 증 금		5,000,000		0
부 채 총 계		496,651,459		420,689,844
자 본				
Ⅰ. 자 본 금		628,800,000		628,600,000
자 본 금		628,600,000		628,600,000
Ⅱ. 자 본 잉 여 금		0		0
Ⅲ. 자 본 조 정		0		0
Ⅳ. 기 타 포 괄 손 익 누 계 액		0		0
Ⅴ. 이 익 잉 여 금		193,605,687		19,679,939
미 처 분 이 익 잉 여 금		193,605,687		19,679,939
(당 기 순 이 익)				
당기 : 173,925,748 원				
전기 : 143,194,208 원				
자 본 총 계		822,205,687		648,279,939
부 채 및 자 본 총 계		1,320,857,146		1,068,969,783

RIAHN
variety network hair castle

손 익 계 산 서

제 11(당)기 2011년 1 월 1일부터 2011년 12 월 31일까지
제 10(전)기 2010년 1 월 1일부터 2010년 12 월 31일까지

회사명 : 미창조(주)

(단위 : 원)

과 목	제 11 (당)기 금액		제 10 (전)기 금액	
I. 매출액		1,577,127,541		1,451,167,210
상품매출	343,584,987		276,048,203	
서비스수입	894,795,282		863,773,550	
교육수입	73,397,272		84,945,457	
프로그램개발수입	265,350,000		226,400,000	
II. 매출원가		261,015,456		256,767,207
상품매출원가		261,015,456		256,767,207
기초상품재고액	83,896,732		44,858,693	
당기상품매입액	271,108,794		295,805,246	
기말상품재고액	93,990,070		83,896,732	
III. 매출총이익		1,316,112,085		1,194,400,003
IV. 판매비와관리비		1,118,337,805		1,031,065,823
직원급여	311,181,000		287,729,160	
상여금	14,340,000		7,560,000	
잡급	11,500,000		11,400,000	
퇴직급여	15,295,986		0	
복리후생비	63,641,265		60,173,348	
여비교통비	18,610,550		18,316,917	
접대비	37,445,580		23,306,650	
통신비	4,847,748		5,569,045	
수도광열비	9,911,021		8,946,168	
세금과공과금	509,260		848,850	
감가상각비	33,594,213		20,582,461	
지급임차료	28,600,000		27,000,000	
수선비	175,000		380,000	
보험료	10,717,910		7,151,730	
차량유지비	27,807,646		21,776,961	
운반비	7,065,959		10,105,212	
교육훈련비	179,310,978		151,336,189	
도서인쇄비	39,078,182		85,476,130	
사무용품비	2,377,650		1,187,990	
소모품비	11,782,800		18,044,788	
지급수수료	161,672,873		176,501,335	
광고선전비	12,981,818		15,903,272	
대손상각비	19,066,449		0	
건물관리비	22,522,000		18,620,000	
연구개발비	66,463,017		53,149,617	

2012/04/23 16:58 1/2

서울시 관악구 남현동 1060-4 동일빌딩 5 층 미창조(주) Tel 02-588-1837

RIAHN
variety network hair castle

손익계산서

제 11(당)기 2011년 1월 1일부터 2011년 12월 31일까지
제 10(전)기 2010년 1월 1일부터 2010년 12월 31일까지

회사명 : 미창조(주) (단위 : 원)

과목	제 11 (당)기		제 10 (전)기	
	금액		금액	
경품비	7,839,000		0	
V. 영업이익		197,774,180		163,334,180
VI. 영업외수익		12,041,006		11,832,477
이자수익	2,162,200		3,844,132	
잡이익	9,878,806		7,988,345	
VII. 영업외비용		11,654,218		14,198,756
이자비용	0		50,347	
기부금	4,260,000		8,300,000	
유형자산처분손실	0		5,235,268	
법인세추납액	4,681,397		0	
잡손실	2,712,821		613,141	
VIII. 법인세차감전이익		198,160,968		160,967,901
IX. 법인세등		24,235,220		17,773,693
법인세등	24,235,220		17,773,693	
X. 당기순이익		173,925,748		143,194,208

서울시 관악구 남현동 1060-4 동일빌딩 5층 미창조(주) Tel 02-588-1837

- 36 -

RIAHN
variety network hair castle

별첨 2 RIAHN PB 제품 및 CI 물

(단위 : 원)

구분	항목					비고
가운류	품목	손님가운	컷팅보	드라이보	[illegible]	가운류
	EA	10	10	10	10	
	단가	26,000	13,000	5,000	10,000	
	vat	2,600	1,300	500	1,000	
	금액	286,000	143,000	55,000	110,000	
	remark					
	품목	[illegible]	[illegible]	[illegible]	[illegible]	
	EA	10	5	3	3	
	단가	6,000	15,000	15,000	18,000	
	vat	600	1,500	1,500	1,800	
	금액	66,000	82,500	49,500	59,400	851,400
	remark					
인쇄류	품목	전단지	배너(거치대 포함)	[illegible]	멤버쉽카드	인쇄류
	EA	8000장/R	1	1000	500	
	단가	200,000	60,000	70	240	
	vat	20,000	6,000	7	포함	
	금액	220,000	66,000	77,000	120,000	
	remark		[illegible]	[illegible]		
	품목	명 함	[illegible]	[illegible]	[illegible]	
	EA	5	10	10	20	
	단가	18,000	3,000	1,000	500	
	vat	1,800	300	100	50	
	금액	99,000	33,000	11,000	11,000	669,000
	remark			기본 수량	기본 수량	
기타	품목	메뉴판	eco용 쇼핑백	[illegible]	[illegible]	기타비품
	EA	3	100	1	1000	
	단가	30,000	600	20,000	35,000	
	vat	3,000	60	2,000	3,500	
	금액	99,000	66,000	22,000	38,500	
	remark		기본 수량			
	품목	제품안내POP	[illegible]	[illegible]	[illegible]	
	EA	1	5	200	3	
	단가	2,500	25,000	1,800	10,000	
	vat	250	포함	180	1,000	
	금액	2,750	125,000	396,000	33,000	771,250
	remark					
PB 완비제품	품목	[illegible]	[illegible]	[illegible]	[illegible]	리안PB제품
	EA	1	1	1	1	
	공급가	13,200	13,200	8,000	9,000	
	공급 단위	1BOX (24EA)	1BOX (24EA)	1BOX (12EA)	1BOX (12EA)	
	합계	316,800	316,800	96,000	108,000	
	판매가	28,000	28,000	20,000	22,000	
	remark	[illegible]				
	품목	[illegible]	[illegible]			
	EA	1	1			
	공급가	5,500	6,000			
	공급 단위	1BOX (20EA)	1BOX (30EA)			
	합계	110,000	180,000			1,127,600
	판매가	12,000				
	remark					

서울시 관악구 남현동 1060-4 동일빌딩 5층 미창조(주) Tel 02-588-1837

- 37 -

RIAHN
variety network hair castle

인근점포리스트

당사는 가맹사업법 시행령 제6조제4항[가맹본부는 가맹희망자에게 정보공개서를 제공할 경우에는 가맹희망자의 장래 점포 예정지에서 가장 가까운 가맹점(직영점을 포함한다. 이하 이 항에서 같다) 10개(정보공개서 제공시점에 가맹희망자의 장래 점포 예정지가 속한 광역지방자치단체에서 영업 중인 가맹점의 수가 10개 미만인 경우에는 해당 광역지방자치단체 내의 가맹점 전체)의 상호, 대표자의 이름, 소재지 및 전화번호가 적힌 문서를 함께 제공하여야 한다. 다만, 정보공개서를 제공할 때 장래 점포예정지가 확정되지 아니한 경우에는 확정되는 즉시 제공하여야 한다.]에 따라 다음과 같이 귀하의 장래 점포 예정지에서 가장 가까운 점포리스트를 제공합니다.

No.	상호	대표자명	소재지	전화번호
1				
2				
3				
4				
5				
6				
7				
8				
9				
10				

서울시 관악구 남현동 1060-4 동일빌딩 5층 미창조(주) Tel 02-588-1837

- 38 -

RIAHN
variety network hair castle

<table>
<tr><td colspan="3">가맹금예치신청서</td><td>처리기간
즉시</td></tr>
<tr><td rowspan="3">신청인</td><td>상호(가맹점)명</td><td colspan="2"></td></tr>
<tr><td>성명(대표자)</td><td colspan="2"></td></tr>
<tr><td>주소(사무소)</td><td colspan="2">(전화:)</td></tr>
<tr><td rowspan="3">가맹
본부</td><td>상호명(영업표지)</td><td colspan="2"></td></tr>
<tr><td>성명(대표자)</td><td colspan="2"></td></tr>
<tr><td>주소(사무소)</td><td colspan="2">(전화:)</td></tr>
<tr><td colspan="2">예치가맹금</td><td colspan="2">₩   (금   원 정)</td></tr>
<tr><td colspan="2">신청인의 계좌</td><td colspan="2"></td></tr>
<tr><td colspan="2">가맹본부의 계좌</td><td colspan="2"></td></tr>
<tr><td colspan="4">「가맹사업거래의 공정화에 관한 법률」 제 6 조의 5 제 1 항, 같은 법 시행령 제 5 조의 7 제 2 항에 따라 위와 같이 가맹금을 예치하여 줄 것을 신청합니다.

년   월   일

신청인: (서명 또는 인)

예치기관의 장
귀하
지점장</td></tr>
</table>

RIAHN
variety network hair castle

예치기관이 주의하여야 할 사항

1. 예치기관의 장은 가맹금을 예치한 경우에는 지체 없이 예치신청인에게 본 가맹금 예치증서를 내주어야 합니다.

2. 예치기관의 장은 가맹금의 예치일 부터 7 일 이내에 이 증서를 첨부하여 가맹금을 예치한 사실을 가맹본부에 통지하여야 합니다.

3. 예치기관의 장은 가맹금 예치 및 그 관리로 인하여 발생하는 비용을 관리수수료로서 가맹금의 수령인이 수령할 금액에서 공제할 수 있습니다.

서울시 관악구 남현동 1060-4 동일빌딩 5층 미창조(주) Tel 02-588-1837

- 40 -

참고문헌

1. 책은 도끼다.(북하우스 / 박웅현 / 2011)
2. 근성, 같은 운명 다른 태도(쌤앤파커스 / 조서환 / 2014)
3. 영화 속 미용경영학(훈민사 / 이범식, 전소현 / 2011)
4. 실전 뷰티경영학(구민사 / 이범식, 원설아, 김미정 / 2013)
5. 미용 상담 심리 마케팅(구민사 / 이범식, 전소현 / 2013)
6. 멈추면 비로소 보이는 것들(쌤앤파커스 / 혜민스님 / 2012)
7. 트렌드 코리아 2014
(미래의창 / 김난도, 전미영, 이향은, 이준영, 김서영 / 2013)
8. 상식밖의 경제학(X청림출판 / 댄 애리얼리 / 2008)
9. 남한산성(학고재 / 김훈 / 2007)
10. 넛지 : 똑똑한 선택을 이끄는 힘
(리더스북 / 리처드 탈러, 캐스 선스타인 / 2009)
11. 화폐전쟁 3(펴냄 / 쑹훙빙 / 2011)
12. 화폐전쟁 4(랜덤하우스코리아 / 쑹훙빙 / 2012)
13. 청소력(나무한그루 / 마쓰다 마쓰히로 / 2007)
14. 블루오션전략(교보문고 / 김위찬, 르네 마보안 / 2005)
15. 마키아벨리(21세기북스 / 김상근 / 2013)
16. 한비자(북팜 / 최태웅 / 2013)
17. 누구(은행나무 / 아사이료 / 2013)

18. 트렌드 코리아 2013
(미래의창 / 김난도, 이준영, 전미영, 이향은, 김서영 / 2012)

19. 의료 마케팅 코드 12(매니지먼트클리닉 / 홍성진 / 2005)

20. 논문, 참숯을 이용한 두피 관리 및 탈모 개선에 관한 연구
(건국대학교 산업대학원 향장학과 / 이범식 / 2004)

21. 부자들의 음모(흐름출판 / 로버트기요사키 / 2010)

22. 마흔 논어를 읽어야 할 시간(21세기북스 / 신정근 / 2011)

23. 지금 당장 로렉스를 사라(에버리치 홀딩스 / 사토도미오 / 2011)

24. 프랜차이즈 경영원론

25. Take away 하라(ranscom / 전익관 / 2014)

26. 논문, 알리인(alliin)의 노화피부 개선효과
(건국대학교 대학원 생물공학과 / 전소현 / 2014)

27. Daum cafe : 이범식의 뷰티경영사관학교

memo

memo

이 범 식 (74.7.23)

- beom7474@hanmail.net / 다음 cafe : 이범식의 뷰티경영사관학교
- 現, 건국대학교 산업대학원 향장미용학과 미용경영학 교수
- 現, 뷰티 전문 교육, 컨설팅 '이범식의 뷰티경영사관학교' 대표
- 논문 : 석사학위 '참숯을 이용한 두피 관리 및 탈모 개선에 관한 연구'
- 저서
  - 영화 속 미용경영학(훈민사/2010년 3월)
  - 실전 뷰티 경영학(구민사/2013년 3월)
  - 미용 상담 심리 마케팅(구민사/2013년 9월)
  - 이범식의 뷰티경영사관학교(구민사/2014년 2월)

40년째 미용실을 운영하시는 어머니를 통해 자연스레 미용 현장을 접하였다. 대학에서는 경제학, 대학원에서는 미용산업학과 향장미용학을 전공하였다. 학사장교 #30기로 중위 전역 후 미용사, 이용사 자격증 취득. 미용실 인턴으로 취업 후 미스터 바리깡, 파루크코리아, 리안, 제오&프랑크프로보에서 가맹점 관리와 경영 기획 업무를 담당하였다.

뷰티 프랜차이즈 경영전략론

초 판 인쇄 | 2014년 9월 5일
초 판 발행 | 2014년 9월 10일

저 자 | 이범식
발행인 | 조규백
발행처 | **도서출판 구민사**
(150-034) 서울특별시 영등포구 문래로 187, 604
(영등포동4가, 동서빌딩)
전화 (02) 701-7421(~2)
팩스 (02) 3273-9642
홈페이지 www.kuhminsa.co.kr

등 록 | 제14-29호 (1980년 2월 4일)
ISBN | 978-89-7074-969-3 93150

값 15,000원